Pietro Archiati
Die Weltreligionen

PIETRO ARCHIATI

Die Weltreligionen

Wege des Menschen zu sich selbst

VERLAG AM GOETHEANUM

Gesamtgestaltung von Gabriela de Carvalho

Gesamtherstellung: Freiburger Graphische Betriebe
ISBN 3-7235-0956-8

Inhalt

Vorwort

In den letzten Jahren habe ich an verschiedenen Orten Gelegenheit gehabt, in Kursen, Seminaren und Vorträgen die Entwicklung der Religionen in der Geschichte der Menschheit zu besprechen. Hier findet der Leser den Niederschlag dieser Arbeit – von mir selbst in eine Form gebracht, die absichtlich etwas von der Unmittelbarkeit des Vortragens bewahren möchte.

Die Geisteswissenschaft Rudolf Steiners hat über Religionen etwas zu sagen, was sonst nirgendwo zu finden ist. Jeder Mensch erlebt nach ihr im Laufe seiner Entwicklung im Nacheinander jede Religion als Stufe seiner Menschwerdung. Die Wende der Zeit erlebt er, wenn er das Nacheinander – oder sogar Gegeneinander – der Religionen *im eigenen Wesen* in ein Miteinander und Füreinander verwandelt. Denn im Wesen des Menschen ist die Harmonie aller Religionen begründet.

So muß man zwischen Religion und Individualität klar unterscheiden. Kein Mensch darf mit seiner jetzigen Religion identifiziert werden – dies gilt auch für Volk oder Rasse. Auch eine Religion ist eine Hülle, und jeder Mensch schreitet im Laufe der Zeit von Hülle zu Hülle. Kein Mensch ist ein Christ oder ein Muslim oder ein Hindu, so wie kein Mensch – als Mensch – schwarz oder weiß sein kann...

Die Einheit aller Religionen bekommt, so gesehen,

eine ganze neue Bedeutung. Sie besteht nicht in dem, was die Religionen gemeinsam «lehren» oder «sagen». Die theoretischen Aussagen sind eine Nebensache. Das Wesen einer Religion ist dasjenige, was sie aus dem Menschen macht. Und die reale Einheit aller Religionen ist ihr einheitliches Kunstwerk: der *Mensch* selbst als Synthese aller religiösen Wege, die er selber im Laufe seiner langen Entwicklung gegangen ist.

Und wie ist es mit den Religionsstiftern selbst, mit Buddha, Krishna, Moses, Zarathustra...? Die Geisteswissenschaft fragt nicht nur, was sie *damals* gesagt und getan haben, sondern auch: wo ist Buddha *heute*, wo ist Zarathustra *heute*? Was sagt Buddha *jetzt* den Menschen, wie wirkt er *jetzt* in der Menschheit? Sagt er und tut er dasselbe wie damals, obwohl die Menschheit eine ganz andere geworden ist? Und wie stehen die geistig-göttlichen Wesen aller Religionen *heute* zueinander? Wenn wir die Wirklichkeit der *Entwicklung* ernst nehmen, so ist zu jeder Zeit die wahre und gute Religion diejenige, die das Zeitgemäße dem Menschen beibringt. Wenn die heute zeitgemäße Religion die Harmonisierung aller Religionen im Herzen eines jeden Menschen ist, ist diese Harmonisierung nicht die irdische Spiegelung der himmlischen Harmonie unter allen göttlichen Wesen und gottdurchdrungenen Menschen, die der Menschheit die verschiedenen Religionen geschenkt haben?

Mögen diese Seiten nicht nur zum Verständnis der Religionen, sondern vor allem zum Verständnis der Menschen untereinander etwas beitragen. Denn nur das gegenseitige Verständnis kann als Grundlage für wahre Toleranz und für gegenseitige Liebe aller Menschen dienen.

Pietro Archiati

I.
Religion oder Religionen?

Wenn wir das Phänomen des Religiösen in der Entwicklung der Menschheit betrachten, müssen wir uns zunächst die Frage stellen, was «Religion» überhaupt bedeutet. Das Wort kommt vom Lateinischen und bedeutet etwa «Rückverbindung», «Rückanknüpfung». Durch dieses Wort ist darauf hingewiesen, daß im Laufe der Entwicklung eine Trennung geschehen ist – eine Trennung von der göttlichen Urheimat – und daß der Mensch bestrebt ist, diese Trennung rückgängig zu machen durch eine «Rückverbindung».

Der Gedanke, der zugrunde liegt – ein Gedanke, der in vielen Variationen in allen Religionen und auch in allen Mythologien wiederkehrt –, ist dieser: die Menschheit war am Anfang ganz anders als heute; sie hat im Laufe der Entwicklung große Änderungen durchgemacht. Der Mensch war ursprünglich verbunden mit der Gottheit, lebte im «Paradies». Er lebte im Schoße der Gottheit, war noch nicht von ihr gesondert, noch nicht von ihr getrennt, hatte noch nicht die Fähigkeit, sich als selbständiges Wesen zu erleben. Er war noch wie ein Gedanke in der Gottheit selbst: so wie heute ein Gedanke, den ein Mensch denkt, nicht sofort eine eigene Existenz bekommt, sondern ein Teil des Menschen selbst bleibt, eine Offenbarung seines inneren Wesens.

Dieser Urzustand der Menschheit wurde überwunden, wurde verlassen. Der Mensch fing an, sich von der Gottheit zu sondern. Diese Sonderung ist ein Prozeß, der eine lange Zeit in Anspruch genommen hat. Der

Mensch gliederte sich heraus, nabelte sich ab von den göttlichen Elternwesen. Es ist dieser Prozeß, der in der Erzählung und in den Bildern des «Sündenfalls» am Anfang der Bibel dargestellt wird. Das Wort «Sündenfall» spricht für sich: es ist ein «Fallen», ein Herabfallen in die «Sünde». Das Wort «Sünde» kommt wiederum von «Sondern». Wir haben es – im Hinblick auf die Verselbständigung hin – mit einem Sich-Sondern vom Urgöttlichen zu tun.

Diesen Vorgang können wir vergleichen mit der Schwangerschaft von neun Monaten im Schoße der Mutter, wonach das neue Wesen sich vom Mutterwesen physisch-äußerlich absondert. Durch die Geburt, durch die Abnabelung von der Mutter werden jetzt aus einem anfänglichen Wesen immer deutlicher *zwei* getrennte und selbständige Wesen. Da sehen wir, daß es sich um einen sehr komplizierten und langen Prozeß handelt. Es ist keine Sache eines einzigen Augenblicks, die auf diesen oder jenen Einzelaspekt reduziert werden kann.

Nach der Sintflut fängt die «Religion» an…

Ist es möglich, im Hinblick auf den Zeitpunkt, etwas genauer anzugeben, *wann* diese Verselbständigung des Menschen eine gewisse Endgültigkeit erlangt hat? Die Geisteswissenschaft Rudolf Steiners gibt dazu als Antwort, daß das eigentliche Religiöse – die Bemühung, eine Rückanknüpfung an das Göttliche zu finden – ein spezifisches Phänomen der *nachatlantischen*, das heißt der *nachsintflutlichen* Zeit darstellt.

Dieser Zeit geht voran die *atlantische* – die wir auch bei Platon und in verschiedenen Mythen dargestellt finden –, während welcher die Menschheit den geographischen Ort bewohnt hat, wo heute der Atlantische Ozean sich befindet. Da war in der alten Zeit ein Kontinent vorhanden, von wo aus die ganze «nachatlantische» Zivilisation sich verbreitet hat.

Damals war die Luft noch viel mehr als heute wassergeschwängert. Die sogenannte «Sintflut» geschah dadurch, daß die Luft immer mehr gereinigt wurde vom mitenthaltenen Wasser. Durch diese langandauernden gewaltigen Wasserniederschläge wurden ganze Gebiete völlig überschwemmt. Diese Reinigung der Luft, der Erdenatmosphäre von Wasser, hat dasjenige hervorgebracht, was in allen Sagen als «Sintflut» dargestellt wird.

In der Bibel wird dieses Geschehen auch noch durch die Tatsache dargestellt, daß jetzt – weil die Luft viel weniger Wasser enthält als vorher – ein physikalisches Phänomen zum erstenmal möglich wird: das Erscheinen des *Regenbogens*. Dem Noah wird versprochen, daß nie mehr eine solche Sintflut, eine solche Wasserkatastrophe geschehen werde, weil sie nicht mehr geschehen *kann:* in der Luft ist nur noch so wenig Wasser enthalten, daß eine zweite «Sintflut» nicht mehr möglich ist.

So kann Jahve dem Noah sagen, daß ihm dieses Zeichen des Regenbogens als ein Zeichen des Friedens gegeben wird. So erscheint bis heute der Regenbogen als ein feierliches Zeichen des Friedens zwischen der Gottheit und der Menschheit.

Dadurch aber, daß die Atmosphäre jetzt reiner von Wasser geworden war, wurde auch ein anderes möglich, und zwar die eindeutige Konturiertheit und Klarheit der *Sinneswahrnehmung*. Durch die Tatsache, daß vorher alles in wassergeschwängerter Luft umhüllt war, konnten die Objekte, die wahrgenommen wurden, noch nicht scharfe Konturen erlangen. Die uns geläufige Deutlichkeit der sinnlichen Wahrnehmung wurde erst möglich dadurch, daß die Luft- und Wasserverhältnisse im Laufe der Zeit so wurden, wie sie im Grunde genommen heute noch sind.

Parallel zu diesem physikalischen Phänomen des Auftretens der scharfumrissenen, reinen Sinneswahrnehmung, ging auch die *Selbstwahrnehmung* als physisch-materielles Wesen einher, das sich immer deutlicher als von der Gottheit gesondert erlebt. Dank der immer reiner werdenden Sinneswahrnehmung, fing der Mensch an, sich immer mehr zu Hause zu fühlen in der physischen Welt. Am Anfang der nachatlantischen, der nachsintflutlichen Zeit, begann der Mensch «Heimweh» zu empfinden und wurde immer mehr *religiös* gestimmt. Er suchte eine Rückverbindung mit dem Göttlichen, wollte zurück zum verlorenen «Paradies».

Wenn wir die nachatlantischen Kulturen betrachten – die indische, die persische, die ägyptisch-chaldäische, dann die vierte, die griechisch-lateinische –, so merken wir, daß diese nachatlantischen Kulturperioden im eigentlichsten Sinne des Wortes zugleich Stufen der religiösen Entwicklung der Menschheit darstellen. Diese Kulturen sind entstanden, um jedem Volk auf seine Weise die Suche nach dem verlorenen göttlichen Paradies zu ermöglichen.

Das «verlorengegangene göttliche Wort», das heißt. das anfänglich direkte Erleben des Übersinnlichen in allen Dingen, mußte immer mehr aus menschlicher Sehnsucht heraus wieder gesucht werden. Der Mensch fühlte sich aus dieser Urheimat herausgeworfen, um sie wieder zu suchen und zu finden. Ganz besonders in der religiösen Grundempfindung der indischen Kultur können wir die Sehnsucht nacherleben, zurückzufinden zur Urheimat des Geistigen, zum Urparadies.

Die «Austreibung aus dem Paradies» und die Götterdämmerung

Damals war jeder Mensch noch begabt mit dem, was Rudolf Steiner «atavistisches Hellsehen» nennt: eine gottgegebene Fähigkeit, das Übersinnliche, das «geistige Wort» in allen Dingen direkt wahrzunehmen. Dieses atavistische Hellsehen mußte im Laufe der nachatlantischen Zeit auch verlorengehen. Dadurch wurde den Menschen die Möglichkeit gegeben, die Trennung durch eigene Initiative rückgängig zu machen.

Das Gleichnis des *verlorenen Sohnes* im Evangelium will dieses Entwicklungsmysterium darstellen. Der jüngere Sohn, das heißt die spätere Menschheit der nachsintflutlichen Zeit, verläßt das väterliche Haus, um selbständig zu werden. Aus der erlangten Freiheit und Selbständigkeit heraus – dank der inneren Wandlung, die sich dadurch vollzogen hat –, sucht der jüngere Sohn das väterliche Haus und den Vater selbst wieder, um eine völlig neue, in Freiheit gestaltete Kommunion mit dem göttlichen Vater erleben zu dürfen.

Dasjenige, was in diesem Gleichnis als Gleichnis der Gesamtentwicklung der Menschheit dargestellt wird, wird in moderner Form geschildert, zum Beispiel in der «Geheimwissenschaft im Umriß» von Rudolf Steiner. Dort wird ausgeführt, daß die Entwicklung dahin ging, das alte, atavistische und instinktive Hellsehen Stufe um Stufe verlorengehen zu lassen. Dieser Entwicklungsprozeß, wodurch Stück um Stück jede Fähigkeit, das Übersinnliche wahrzunehmen, verlorenging, ist wiederum ein sehr komplizierter. Nicht nur der Umgang mit den geistigen Wesenheiten, sondern später auch die Verbindung mit den Elementargeistern der Natur erlosch.

Der *Baldur-Mythos* der germanischen Mythologie ist eine schöne Darstellung des Absterbens der Fähigkeit, in Kommunion mit den lichtvollen Naturgeistern zu leben. Baldur ist, geistig-real betrachtet, die leuchtende Elementargeistigkeit der Natur. Der Germane konnte in alten Zeiten wirklich die Gnomen, die Undinen, die Sylphen, die Salamander wahrnehmen... Sie waren ihm alle sehr vertraut und real.

Der Mythos sagt uns – und das ist wiederum ein Aspekt des Sündenfalls, der «Götterdämmerung», des Sich-Sondern-Müssens des Menschen vom Geistig-Übersinnlichen: Baldur wurde eines Tages getötet. Die Fähigkeit, das lichtvolle Elementargeistige der Natur wahrzunehmen, ging in der Menschheit verloren. Und wohin verschwand denn Baldur? Hinunter zur finsteren Hel! Die finstere Hel ist die geistentblößte Natur, so wie der heutige materialistische Mensch sie wahrnimmt.

Verglichen mit der geistigen Lichtgestalt der baldurhaften Natur, ist die Welt, so wie wir sie heute wahrnehmen, für den alten Germanen tatsächlich eine ganz finster gewordene Welt, eine finstere «Hel», vergleichbar mit einer «Hölle». Der Germane, der noch Erinnerungen daran hatte, wie man in den alten Zeiten im hellen Paradies sein konnte mit Baldur, der wußte zugleich, daß eine Welt, in der Baldur gestorben ist, düster und traurig sein muß.

Die Tatsache, daß wir heute die Welt als nicht finster erleben, kommt daher, daß wir keine Erinnerung mehr haben an die geistige Lichtgestalt der Natur. Wir haben keine Vergleichsmöglichkeit mehr und meinen, die Welt wäre heute tagsüber hell genug und der Mensch hätte sie zu allen Zeiten genau so erlebt.

Der zentrale Sinn des Sündenfalls, der Grund der Sonderung vom Geistigen durch die immer tiefere Verstrickung in die Welt der Materie ist die *Individualisierung des Menschen.* Die Menschheit war am Anfang eine einheitliche. «Adam» bedeutet nicht ein

Einzelmensch, sondern die einheitliche Urmenschheit. Es gab am Anfang ein allgemeines Gruppen-Seelenhaftes, in dem das Einzel-Ich noch nicht erlebt werden konnte. Der Sinn der weiteren Entwicklung ist gerade der, daß durch die immer tiefere Verbindung mit der Materie eine immer deutlichere Individualisierung des Menschen entstehen konnte. Die Materie ist das Prinzip der Sonderung, der Trennung in Einzelwesen.

Das Endresultat dieses Individualisierungsprozesses ist der jetzige Zustand, wo jeder Mensch tatsächlich die Fähigkeit hat, sich als gesondertes, als selbständiges und autonomes Ich zu erleben. Er fühlt und erlebt sich als eine in sich abgeschlossene Einheit. Er kann selber denken und aus der eigenen individuellen Einsicht heraus selbständig wollen und handeln.

Wenn man wiederum fragen würde, was denn der Sinn dieser Individualisierung sei, kann man keine theoretische oder abstrakte Antwort mehr geben. Denn das Urgute, das absolut Einleuchtende und Beglückende der Ichhaftigkeit als innere geistige Autonomie kann nicht nochmals durch etwas anderes – Tieferes oder Besseres – begründet werden. Der Mensch, der sich wahrhaft versteht, weiß aus der eigenen Selbsterfahrung heraus, daß Ichhaftigkeit die höchste Würde und die höchste Stufe des Menschlichen überhaupt darstellt.

Er erlebt sie mit unmittelbarer «Evidenz» als das Urgute, als das Urwahre und Urschöne, in der Dankbarkeit für dieses einheitliche Ideal der Entwicklung. Er kann die Tatsache, daß er sich als individuelles und freies geistiges Wesen erleben darf, nur uneingeschränkt bejahen. Da ist weiter nichts zu «beweisen». Wo diese Erfahrung noch nicht genügend vorhanden ist, hilft das Beweisen im Grunde genommen sehr wenig. Denn jeder Beweis gilt in Wirklichkeit nur, wo schon die Erfahrung der entsprechenden Wirklichkeit, die bewiesen werden will, vorangegangen ist.

Man kann zum Beispiel nicht beweisen, daß Bäume wirklich existieren. Kein Mensch hat je bewiesen, daß Bäume existieren. Entweder werden sie erlebt und erfahren in ihrer Wirklichkeit – und dann braucht man keinen theoretischen Beweis –, oder wir haben es mit einem Menschen zu tun, der Bäume niemals erlebt hat: wie kann man ihm theoretisch «beweisen», daß sie existieren? Für ihn existieren sie ja nicht, weil er sie niemals erfahren hat. So ist es mit dem Entstehen von Individualität, mit der realen Erfahrung von Ichhaftigkeit. Sie will erlebt, nicht bewiesen werden. Jeder will sie in sich aufweisen, nicht beweisen.

Religion als Rückkehr in die Heimat – aber nach vorne

So wie die erste Phase der Entwicklung die Menschen voneinander und von der gemeinsamen göttlichen Heimat gesondert hat, so besteht die zweite Hälfte der Entwicklung darin, daß der Mensch gerade durch immer wesenhaftere Übung seiner Ichhaftigkeit eine Rückverbindung – das ist *Religion* – mit allen geistigen

Wesen, mit allen Menschen und mit aller Kreatur anstrebt. Dies geschieht jetzt aber aus der erlangten individuellen Freiheit heraus.

Diese «Rückverbindung» darf aber nicht so geschehen, daß die Entwicklung rückgängig gemacht wird durch ein Zurückkehren zum Urzustand. Wesenhafte Individualität ist im Menschen nicht entstanden, um wiederum rückgängig gemacht zu werden! Die zukünftige Kommunion mit allem Göttlichen, Menschlichen und Natürlichen, die durch die religiösen Wege der Menschheit entsteht, ist eine ganz andere als die Kommunion, die am Anfang da war.

Die Einheit des Anfangs war wie ein Einerlei, noch ohne Gliederung und Vielfältigkeit. Die Kommunion in der Vollendung wird eine ganz andere Qualität besitzen. Die reale Wiedereingliederung aller Menschen ineinander durch immer weitere Spiritualisierung und die damit einhergehende Rückgewinnung der Kommunion mit den geistigen Hierarchien und mit allen Geschöpfen der Natur werden nicht die Individualität eines jeden Menschen auslöschen, sondern, ganz im Gegenteil, sie zu ihre letzten Vollendung bringen.

Die einzigartige Ichhaftigkeit eines jeden Menschen kann nicht mehr rückgängig gemacht werden. Durch Religion wird die Wiederverbindung mit dem geistigen Kosmos und mit allen anderen Menschen erlangt. Diese Übung der Religion bewirkt zugleich die wahre Vervollkommnung der Individualität. Gerade weil dieses Aufbauen des geistigen Organismus der Menschheit – was in der christlichen Tradition der «geistige

Leib Christi» genannt wird – nur durch individuelle Freiheit und Liebe, durch Entfaltung und Anwendung aller *individuellen* Kräften des Ich geschehen kann, bewirkt es die allmähliche Vervollkommnung, nicht das Auslöschen der Individualität. Es werden in diesem Prozeß alle Kräfte wachgerufen und ausgeprägt, die auf individuelle und einzigartige Weise bei jedem Menschen veranlagt sind.

Aus der Urpolarität der Entwicklung als Gliederung der Zeit, wo die erste Einseitigkeit des Anfangs – der Einheit ohne Individualität – abgelöst wurde von der zweiten Einseitigkeit – der Zergliederung in gesonderte Individuen durch Verlust der real-geistigen Kommunion –, ergibt sich die weitere Aufgabe der Entwicklung: die dritte Phase will eine Synthese beider anstreben. Kommunion und Individualität wollen nicht mehr ohne einander oder sogar gegeneinander erlebt werden als sich gegenseitig ausschließend. Jetzt soll Individualität dadurch allmählich zur Vollkommenheit gelangen, daß sie voller Liebe in sich spiegelt und in sich erlebt und mitfördert alle anderen Menschen und alle anderen Wesen. Die Widerspiegelung der ganzen Menschheit im Individuum ist die letzte Vollendung des Individuum selbst.

Anderseits will das Zueinandergehören mehr und mehr so erlebt werden, daß Kommunion gerade dank dem einzigartigen und besonderen Beitrag jeder Individualität immer reicher und mannigfaltiger gemacht wird. Kommunion blüht nur durch die Bejahung und die dankbare Förderung jeder Individualität. Kommunion kann als gemeinsamer Reichtum, als gehaltsvolle Vielfältigkeit und als überschäumende Fülle nur dadurch erlebt werden, daß jedes einzelne Glied etwas ganz anderes in das Gesamte hineinbringt als jedes andere.

In dieser Perspektive der Entwicklung muß auch die Entwicklung der *Religion* gesehen werden. Wir verstehen Religion nur dann recht, wenn wir die Bemühung zur Rückverbindung mit dem Geistigen als den Gesamtsinn der religiösen Entwicklung jedes einzelnen Menschen überhaupt auffassen. Die einzelnen Religionen sind alle Teilaspekte dieser menschlichen Entwicklung. Es ist wichtig, zunächst das Einheitliche der Entwicklung zu erfassen, denn nur dadurch kann man dann die besonderen Beiträge jeder der verschiedenen Religionen auch verstehen.

Religion fängt also dort an, wo der Mensch anfängt sich zu erleben im Hinausgeworfensein. Religion entsteht, wo der Mensch anfängt, das Göttliche – aus der ihm bewußt gewordenen Einsamkeit heraus – zu suchen durch Rückverbindung mit der geistigen Welt.

Die methodische Perspektive der Entwicklung

Wenn wir die methodische Zentralität der Perspektive der *Entwicklung* auf die Religionen anwenden, ergibt sich auf einmal eine verblüffende aber auch tief befreiende Entdeckung. Wo Entwicklung ernst genommen wird, darf keine Religion im absoluten Sinne als gut oder böse betrachtet werden. Gut ist jede Religion, wenn sie das *Zeitgemäße* als das Menschenfördernde darstellt. Böse ist alles dasjenige, was die jeweils anstehende Entwicklung des Menschen hindert.

Wenn wir die erste Hälfte der Entwicklung als vorherrschendes Wirken der göttlichen Gnade auffassen, um die Freiheit des Menschen erst zu ermöglichen, so dürfen wir sagen: Die Religionen *vor* der Wende der Entwicklung sind viel mehr das Werk der Gottheit als der Menschen. In diesem Sinne waren alle Religionen vor Christus *«gut»*. Sie waren gottgewollt, göttlich inspiriert und von göttlicher Hand geleitet. Die Religionsstifter empfingen *von der Gottheit* das jeweils Zeitgemäße und Gute für ihr Volk und für die Menschheit.

Wenn wir jetzt auf die *Religionen* der Menschheit in der Mehrzahl zu sprechen kommen, so ist diese Vielheit aus der schon besprochenen notwendigen Zergliederung der Menschheit zu verstehen, die bei der letzten Teilbarkeit – beim unteilbaren «Atom» des Individiums, des Ich – endet. Dieser Prozeß der Zergliederung und der Differenzierung muß zunächst durch Trennung in größere Gruppen vorgenommen werden.

Die erste große Differenzierung der Menschheit geschah in uralten Zeiten durch die *Trennung der Geschlechter,* wodurch zwei unterschiedliche Grundqualitäten des Menschlichen entstanden. Diese allererste Gliederung wurde weitergebracht durch das Entstehen von verschiedenen Rassen und später von verschiedenen Völkern. Die Rassen stellen Grundausprägungen im Leiblichen dar. Auf der Grundlage dieser Unterschiede der Leibesverfassung sind dann, besonders in der nachatlantischen Zeit, von Volk zu Volk seelische Ausprägungen zum Vorschein gekommen. Die indische, die persische, die ägyptisch-chaldäische, die griechisch-römische Kulturperioden sind *Kulturstufen* im Unterschied zu *Naturstufen* der Rassenausprägungen.

Die atlantische Zeit wurde getragen durch leibliche Prägungen. In der nachatlantischen Zeit geht es vordergründig um seelisch-kulturelle Differenzierungen, die sich durch verschiedene Völker mit ihren Religionen und Mythologien äußern.

Die vorchristlichen Religionen entstehen also parallel mit dem Entstehen der verschiedenen Völker. Sie sind im Grunde genommen alle *Volksreligionen*. In der Perspektive der Wiederverkörperung inkarniert sich jeder Mensch in jede dieser verschiedenen Volksqualitäten hinein – und dadurch auch in ihre verschiedenen Religionsübungen. Jede menschliche Individualität entwickelt sich immer weiter durch das Fortschreiten von Religion zu Religion. So darf man die Religionen vor Christus – vor der Wende – als Stufen der vergangenen Entwicklung eines jeden Menschen betrachten.

Der Sinn der «Wende» besteht darin, daß dasjenige, was davor zunächst im Nacheinander und im Nebeneinander der Völker und der Religionen – das heißt in der gesonderten Ausprägung von jeweils besonderen Eigenschaften und daher in der gegenseitigen Ausgrenzung und Ausschließung – sich entfaltet hat, zu einer universellen Synthese und Harmonisierung in jedem Menschen gebracht und als Freiheitswerk eines jeden Menschen erlebt werden will. *Dieses* zu ermöglichen und einzuleiten, war und ist der Sinn des Eintretens des «Sohnes», des Wesens der Liebe, in die Erdenentwicklung.

Man möchte sagen: Das Entstehen und Sichentfalten der verschiedenen Völker und Religionen – mit ihren Mythologien – vor der Wende ist zunächst weniger das Werk der Freiheit der Menschen als der göttlichen Führung und der göttlichen Gnade. Aber der Sinn dieser göttlichen Führung besteht darin, daß sie jeden Menschen dazu befähigt, im Zeitalter der Freiheit sich freiwillig und individuell dasjenige anzueignen – in sich zu vereinigen und zu verinnerlichen –, was an verschiedenen *Dimensionen des Menschseins* zunächst verteilt auf verschiedene Völker durch das Wirken der Gottheit hervorgebracht worden ist.

Von den Religionen zur Religion des Menschen

In dem Maße, in dem nach der Wende die bewußte, freiheitliche Synthese aller religiösen Qualitäten, aller Erfahrungen der Rückverbindungen des Menschen mit dem Göttlichen immer realer erlebt wird, kann man nicht mehr von «Religionen» in der Mehrzahl sprechen. Es entsteht allmählich der berechtigte Anspruch, von «Religion» schlechthin zu reden. In diesem Sinne können wir sagen, daß jeder Mensch als Individuum dazu berufen ist, im Laufe der künftigen Entwicklung *in sich selbst* die Synthese aller Religionen zu realisieren. Er ist als individueller Mensch dazu berufen, die Harmonie und die Vollkommenheit aller Bezugsmöglichkeiten zum Göttlichen in sich selbst zu verwirklichen.

Der Mensch selbst soll die wesenhaft werdende, auf der Erde sich realisierende Religion sein. Die vollkommene Religion – die Religion aller Religionen – ist der vollkommene Mensch als letztes Ziel der Erdenentwicklung. Nichts ist in der Menschenwelt «religiöser» als der Mensch selbst.

Dieser Begriff der Religionen in der Mehrzahl als die Aufgabe der menschlichen Freiheit, *Religion* in der Einzahl daraus zu machen, ist zugleich der wahre «christliche» Begriff von Religion. Er ist zugleich der Begriff der «Fülle der Zeit», der «Zeitenwende».

Das Sonnenwesen, die zentrale geistige Wesenheit unseres Sonnensystems, die nicht irgend etwas Partielles oder Partikuläres, sondern die Gesamtheit der Impulse der Entwicklung von Erde und Mensch in sich trägt, hat in der Mitte der Zeit – denn durch seine Tat wurde die erste Hälfte zur Vollendung gebracht und die zweite eingeleitet – die Sonne verlassen, um sich mit den Gesamtkräften der Erde und der Menschheit zu verbinden.

Dadurch wurde jedem Menschen die Kraft zur Verfügung gestellt und die Möglichkeit gegeben, alles zu überwinden, was Sonderimpuls ist, was die Menschen voneinander noch sondert und trennt. Jede «Sonderreligion» soll in dem Sinne überwunden werden, daß jede religiöse Einseitigkeit hineinmünden will in die universell-einheitliche Religion, die nur in der Fülle und in der Vollendung *des Menschenwesens selbst* zu finden ist.

So ergibt sich für jeden Menschen die Aufgabe, seine Beziehung zum Göttlichen im Laufe der Zeit immer mehr so zu gestalten, daß sie nicht weiterhin irgendeinen Aspekt bevorzugt und andere ausschließt, sondern so, daß eine solche Synthese des Religiösen angestrebt wird, daß mehrere «Religionen» nebeneinander – oder sogar gegeneinander – gar nicht mehr bestehen können.

Diesem Anspruch scheint zunächst die Tatsache zu widersprechen, daß auch das Christentum in den letzten zweitausend Jahren als Religion unter und neben anderen sich ausgestaltet hat – und oft genug auch *gegen* andere. Diese Tatsache will aber wiederum in ihrer Entwicklungsnotwendigkeit verstanden werden.

Die Wende ist kein Ende, sondern erst der Anfang

Das universelle und harmonisierende Sonnenwesen ist nicht in die Erde und in die Menschheit gekommen, um selber allein und ausschließlich – mit Ausschluß des Mitwirkens der menschlichen Freiheit – die Synthese des Religiösen und des Menschlichen zu bewirken. Es ist vielmehr gekommen, um die notwendigen *realen Bedingungen* zu schaffen, die jeden Menschen instand setzen, die universelle und einheitliche Religion in sich zu verwirklichen. Seine Liebe äußert sich in dem, wozu er den Menschen *befähigt*.

Diese realen Bedingungen sind keine Sache der bloßen Lehre oder der Theorie. Das Wesen des Christus-Ereignisses und des Christus-Wirkens besteht nicht in dem, was Christus gesagt hat, sondern in dem, was er *getan* hat und weiterhin *tut*. Dieses reale Wirken besteht darin, daß das Wesen der Liebe während der vergangenen zweitausend Jahre alle Kräfte der Erde und des Menschen allmählich so verwandelt hat, daß sie die innere Erfahrung der Freiheit nicht mehr deterministisch verbieten, sondern ermöglichen.

Damit ist gesagt, daß das Wesen des *vergangenen* «Christentums» das reale Wirken Christi selbst war und daß *erst in unserer Zeit* der Mensch – dank diesem Wirken – die Fähigkeit bekommt, aus der eigenen, wenn auch anfänglichen Freiheit heraus die Synthese aller Religionen im eigenen Wesen zu vollbringen.

Der göttliche «Vater» hat vor der Wende die vielen «Religionen» – als Entwicklungsmöglichkeiten des Menschen – in den verschiedenen Völkern hervorgerufen. Der göttliche «Sohn» hat die Wende der Entwicklung dadurch hervorgebracht, daß er die realen Bedingungen und die reale Fähigkeit in jedem Menschen geschaffen hat – und für dieses reale Wirken in der Zeit hat er auch Zeit gebraucht –, auf daß jeder Mensch in sich selbst und in der Freiheit jede Einseitigkeit des Religiösen – jede Einseitigkeit des Menschlichen – überwinde.

Durch das Entstehen der Geisteswissenschaft durch Rudolf Steiner beginnt real eine entscheidend neue Stufe in der Gestaltung des Religiösen in der Menschheit. Diese neue Stufe besteht nicht darin, daß irgend eine neue «Religion» gestiftet werde. Es liegt ja im Wesen des Christentums, daß die Zeit der Einseitigkeiten zurückgelassen werden muß. Was hier neu entsteht, ist vielmehr die Möglichkeit einer *erkenntnismäßigen Bewußtwerdung* von Seiten jedes einzelnen Menschen des synthetischen Charakters des Wirkens Christi als Befähigung zur religiösen *Freiheitsaufgabe* des Menschen selbst.

Diese modernste Geisteswissenschaft ermöglicht zum erstenmal das Erstreben einer *vollbewußten* und *vollfreiheitlichen* Form des Religiösen – des Umgangs mit dem Göttlich-Geistigen des Kosmos – als Erfüllung des Wirkens Christi, als reale Erfahrung des «Heiligen Geistes», den das Wesen der Liebe in jeden Menschen immer hineingießen will.

Dieser heilige Geist, der nur die *Religion der Freiheit* als Religion des Menschen kennt, ist nichts anderes als der Geist Christi selbst, denn das Wesen der Liebe kann nur den Geist der Freiheit in jedem Menschen wollen und erwecken. Wenn der Mensch diesen Geist Christi in sich verlebendigt, erlebt er im realsten Sinne das «zweite Kommen» Christi, seine Wiederkunft im eigenen denkerischen und liebenden Geist.

So kann man auch sagen: Die Geisteswissenschaft Rudolf Steiners ist der Anfang der wahren *«Religion des Heiligen Geistes»* – des heilenden, befreienden Geistes in jedem Menschen – als Beginn der Religion des Menschen und der Menschheit schlechthin, wodurch die vierte, «oberste» Ehrfurcht, von der Goethe im «Wilhelm Meister» spricht – die Ehrfurcht vor sich selbst –, als Entwicklungsaufgabe aller künftigen «Religion» bewußt erfaßt und immer intensiver erlebt wird.

Religion der nördlichen und der südlichen Völker

Rudolf Steiner spricht davon, daß in der Zeit der Religionen, der besonderen, teilhaften Aspekte des menschlichen Umgangs mit dem Göttlichen, die nacheinander durch verschiedene Völker entstanden sind, zwei Grundströmungen zu unterscheiden sind: eine nördliche und eine südliche Strömung. In der *nördlichen Strömung*, die das persische Volk ganz besonders betrifft, aber auch die germanischen Völker, wurde die eine Grundform der «Rückverbindung» mit der geistigen Welt gepflegt dadurch, daß der Mensch durch *Ekstase* hinausgeführt würde in den Makrokosmos, in die Weiten des Weltalls eingeweiht wurde.

Die *südliche Strömung*, die südliche Grundform der Religion, die sich besonders in Indien, dann in Ägypten und später auch in Griechenland ausgeprägt hat, bestand in dem Bestreben, das Göttliche im Inneren des Menschen selbst zu erleben. Der Mensch vertiefte sich in das eigene Innere durch *mystische Erfahrung*. Diese südliche Einweihung in den Mikrokosmos

«Mensch» ermöglichte ganz andere Erfahrungen als die Einweihung in den Makrokosmos.

Diese zwei Urformen der Religionen der Menschheit – die Erfahrung des Übersinnlichen durch das Sichhinausdehnen in die Weiten des Makrokosmos und durch das Sichvertiefen in die Innerlichkeit der Seele – kann man wiederfinden, in den verschiedensten Abwandlungen, in allen Religionen, auch in allen Mythologien der Völker.

Die synthetische Natur des Christus-Wirkens zeigt sich auch bezüglich dieser Polarität. Die zwei Grundpfeiler der Erfahrung des Christuswesens in seiner *Mensch*werdung entsprechen den zwei erwähnten Urformen der Religion.

Das sich Einengen in die Innerlichkeit des Menschen wird dargestellt in der Taufe im Jordan und in der darauffolgenden dreifachen *«Versuchung».* Die dreifache Versuchung des Christus ist die zusammenfassende Erfahrung aller südlichen Wege der Mystik, der Versenkung des Menschen in die Tiefen des eigenen Wesens. Da wird die Gesamtwirklichkeit und -wirksamkeit des *Egoismus* erlebt. Da wird die Erfahrung gemacht, daß die religiöse Aufgabe aller künftigen Entwicklungen in der Überwindung des Egoismus bestehen wird.

Nach drei Jahren erlebt Christus als Mensch die zweite Grundform der Religion in seinem *Tod und* in seiner *Auferstehung*. Er «geht zu dem Vater», weitet sich hinaus in den Makrokosmos und verbindet sich mit allen Kräften, die in der Erde wirksam sind.

Das Bild von Gethsemane zeigt den Augenblick, wo die *Angst* erlebt wird, als immer wiederkehrende Urerfahrung der nördlichen Art der Verbindung mit dem Göttlichen, wo der Mensch sich hinausweitete in den Makrokosmos.

Der Mensch erlebte Angst, weil die Gefahr drohte, daß er sich selbst verliert und sich auflöst in seinem Bestreben, sich zu verbinden mit dem Unendlichen des Weltalls. Er mußte Angst haben, daß ihm die Kraft fehlt, ganz konzentriert in sich selbst zu bleiben, weil die Ichhaftigkeit erst eben im Aufbau begriffen war. Das Wort «Ekstase» drückt aus, daß der Mensch damals sich selbst verlieren mußte in den Weiten des Kosmos.

Polar entgegengesetzt zu dieser nördlichen Erfahrung der *Angst* war die südliche Erfahrung der *Scham.* Indem der Mensch sich versenkte in die Innerlichkeit des eigenen Wesens, erlebte er Scham vor der Unsumme von Egoismus und von Selbstbezogenheit, die jeder Mensch erfahren muß, der sich in der Objektivität erkennen kann.

Im eigenen Innern nimmt er all dasjenige wahr, was ihn dazu gebracht hat – dazu bringen mußte –, sich als Zentrum der ganzen Welt zu erleben. Ichhaftigkeit und Individualisierung ist nur möglich geworden durch die Tatsache, daß jeder Mensch lernen mußte, alle Kräfte der Welt *für sich selbst* in Anspruch zu nehmen – so auch immer wieder jedes Kind: um selbst zu werden, muß es zunächst ein gesunder «Uregoist» sein. Es muß alle Kräfte der Welt und alle Menschen für sich in

Anspruch nehmen. So erlebt der Mensch in der Versenkung in sich selbst, was es heißt, daß er alle Kräfte der Welt und alle anderen Menschen für sich «gebrauchen» mußte. Er sieht, was er allen Wesen entzogen hat, um es für sich in Anspruch zu nehmen.

Die Überwindung der Scham besteht darin, das der Mensch diese Notwendigkeit des Egoismus nicht als negative Schuld erlebt, sondern als Aufgabe der zweiten Hälfte der Entwicklung, als Aufgabe der inneren Läuterung. In dieser Weise verstanden, steht die Selbstbezogenheit nicht im Gegensatz zur Bezogenheit zu jedem anderen Wesen. Die «Selbstliebe» will nicht abgeschafft, sondern erweitert werden, um alle Menschen zu umfassen. Dies ist der Sinn des christlichen Grundsatzes: Liebe deinen Nächsten wie dich selbst. Jeder egoistisch gewordene Mensch will jetzt den Egoismus dadurch überwinden, daß er alle zunächst von allen Seiten empfangenen Kräfte in die Menschheit zurückfließen läßt und zum Wohle aller Menschen einsetzt.

Die Einweihung in den Mysterien als Ursprung der Religionen

Diese zwei Grundprägungen der Religionen vor Christus weisen auf ein Weiteres hin, was in der Entwicklung der Religionen vor Christus entscheidend gewesen ist: auf *die Mysterien* der antiken Welt. Wir können unmöglich die Rolle unterschätzen, die die Mysterienschulen gespielt haben in der allgemeinen, auch religiösen Entwicklung der Menschheit.

In den Mysterienstätten waren Eingeweihte anwesend, die als «Vorzügler» der Entwicklung der Menschheit künftige Stufen dieser Entwicklung vorweggenommen haben. Sie haben Schüler herangebildet, die Umgang mit göttlichen Wesen pflegen konnten und imstande waren, das Gottgewollte ihrem Volk als Entwicklungsaufgabe und als Religion zu vermitteln.

Durch ihre zurückerlangte Verbindung mit der geistigen Welt, durch die *Einweihung,* waren die Menschheitsführer imstande, aus dem direkten Umgang mit der geistigen Welt ihren Völkern die richtigen religiösen Impulse zu geben. Von der Volksgottheit erfuhren sie die spezifische Aufgabe des Volkes, dessen Führung ihnen anvertraut war. Sie haben diese Entwicklungsaufgabe ihrem Volk in Form von «Religion», das heißt von religiöser Übung und Praxis weitergegeben. Der wahre Ursprung der Religionen ist zu suchen in den Inspirationen, die göttliche Wesenheiten diesen Eingeweihten eingegeben haben als Impulse für die Entwicklung der verschiedenen Völker.

So geht zum Beispiel die Zarathustra-Religion zurück auf die Verbindung der Individualität des Zarathustra mit der geistigen Welt, insbesondere mit dem geistigen Wesen der Sonne, mit der großen Sonnenaura, wie er es nannte, mit Ahura Mazda. Er durfte von der geistigen Welt erfahren, welche besondere religiöse Erfahrung das persische Volk der ganzen Menschheit vermachen durfte.

Die Rolle, welche die Eingeweihten in den Mysterienschulen, in den Mysterienstätten gespielt haben, ist eine zweifache. Einerseits haben sie die wenigen zur Einweihung gebracht, die in der alten Menschheit imstande waren, eine innere Entwicklung in Anspruch zu nehmen, um ohne Schaden in die geistige Welt eingeweiht zu werden. Anderseits oblag diesen Eingeweihten die Aufgabe, ihr Volk sowohl geistig wie auch politisch und wirtschaftlich zu leiten. Sie bestimmten das tägliche Leben und die religiöse Praxis, die sich im Kultus äußerte.

Alle Kultushandlungen, alle Riten der Völker sind eigentlich eine Übersetzung für das ganze Volk – und in diesem Sinne eine Exoterisierung – dessen, was esoterisch in den Einweihungsschulen real erlebt wurde. Der Kultus der verschiedenen Religionen ist eine Abbildung – für das ganze Volk gedacht – der Erlebnisse, die vom Schüler auf dem Wege der Einweihung gemacht wurden. In der kultisch-religiösen Handlung wurden im Bild für das ganze Volk die Erlebnisse dargestellt, die in der Einweihung geistig-real durchgemacht wurden.

Der Unterschied zwischen *Religion* und *Mythologie* besteht darin, daß die Religion mehr die Willens-, die Handlungs- und Betätigungsseite der Volksimitation dessen ist, was in den Mysterien durch die Einweihungsschulung sich vollzog, und die Mythologien mehr die erkenntnismäßige und erzählerische Interpretation derselben Einweihungsvorgängen darstellen. In *Ritus* und *Mythos* wurde also dem ganzen Volk eine exoterische «Popularisierung» der esoterischen Initiationserfahrungen gegeben. Anhand kultischer Handlungen und mythischer Erzählungen wurde jeder einfache Mensch religiös erzogen. Mythologien und Religionen sind die große Pädagogik des Menschengeschlechts gewesen.

Einen letzten Niederschlag und zugleich wiederum eine Synthese des erzählenden Mythos und des handelnden Kultus haben wir im Evangelium in der Art und Weise, wie Christus lehrt und tätig ist in der Menschheit.

Zum Volk spricht er immer in Bildern, in Gleichnissen, die die Mythologien aller Völker zusammenfassen. Für die wenigen dann, die ihm gewisse Entwicklungs-Voraussetzungen entgegenbringen, legt er die esoterische Seite desselben dar, wo die moralischen Konsequenzen für das Leben und für das Handeln gezogen werden. Ihnen erklärt er in Begriffsform die tiefere Bedeutung aller Gleichnisse, hindeutend auf *seine* Einweihung, auf seinen Tod und seine Auferstehung, als Zusammenfassung aller Einweihungserfahrungen aller vorchristlichen Mysterien, als reale Synthese aller Religionen. Die allumfassende Religion ist die Gesamtentwicklung selbst als Tod und Auferstehung jedes «Menschensohnes».

Das Wesen jeder Religion ist die Bemühung, den Tod zu überwinden. Der Mensch will den Tod in dem Sinne «widerlegen», daß er die Erfahrung machen will, daß er sich nicht erschöpft in dem, was sich durch die Materie äußert, sondern daß er ein ewiges, rein geistiges Wesen ist, dem die Materie nichts anhaben kann und das nach dem Tode, nach dem Verfallen des Leibes, fortbesteht auch ohne Leiblichkeit.

So war die Einweihung in den Mysterien immer eine Vorwegnahme des Todes als des sieghaften Eindringens des Menschengeistes, durch Verlassen der Leiblichkeit, in die wesenhaft erfahrene geistige Welt.

So wie die Einweihung eine Vorwegnahme des Todes war, so waren die Religionen für das Volk eine popularisierte Wiedergabe der Erfahrung der Einweihung. Religionen sind in diesem Sinne volks- und entwicklungsbedingte Darstellungen der Art und Weise, wie der Mensch durch «Einweihung» sich wiederum wesenhaft verbindet mit der geistigen Welt. Dadurch macht er die Erfahrung, daß er selber ein rein geistiges und ewiges Wesen ist. Die Materie ist der Ort seiner Individualisierung, aber er erschöpft sich nicht in den Gesetzmäßigkeiten dessen, was sich in der Materie offenbart.

Die Überwindung des Todes als das Wesen der Einweihung, die Überwindung des Todes als das Wesen der Religion: beides ist die reale Rückverbindung mit dem Geistigen durch Überwindung der Gesetzmäßigkeiten der Materie.

Die Mythologien geben dasselbe wieder in mehr erzählerischer, bildhafter Form, ohne daß der Mensch dabei direkt etwas «tut» – wie im Ritus oder in der Kultus-Handlung –, sondern zunächst Bilder mehr vorstellungsmäßig in sich bewegt. Die Inhalte der Mythologien sind also dieselben wie die Inhalte der entsprechenden Religionen, und beide finden ihre Synthese im Mysterium des Todes und der Auferstehung in einer geistigen Welt.

Für jeden Menschen alle Religionen

Ein Wichtiges der Geisteswissenschaft Rudolf Steiners in der Betrachtung der Religionen ist die Unterscheidung zwischen der Individualität eines jeden Menschen und den verschiedenen Religionen, die jede Individualität durchlebt und sich zu eigen macht im Laufe ihrer Entwicklung.

Jeder religiöse Dogmatismus kann nur dadurch überwunden werden, daß keine Religion schlechthin als wahr oder falsch hingestellt wird. In der Perspektive der Entwicklung wird die Berechtigung und auch die Notwendigkeit aller Religionen in ihrem Aufeinanderfolgen anerkannt. Jede ist entstanden als zeitgemäßer Impuls und als notwendiges Durchgangsstadium der Entwicklung der Menschheit. Alle partikulären Religionen werden bejaht in ihrer Gerichtetheit auf die Überwindung jeder Sonderung durch das Einbetten des Besonderen in das Universelle als ewige Entwicklungsperspektive jeder einzelnen Individualität.

Durch die real sich von «Religion» zu «Religion» immer weiter entwickelnde *Individualität* wird die andere Seite des Dogmatismus überwunden, die in der Versuchung immer wieder zurückkehrt, die menschliche Individualität mit einer einzigen Religion zu identifizieren. Durch das grundlegende Entwicklungsgesetz der Wiederverkörperung sind alle besonderen religiösen Erfahrungen – die verschiedenen Volksreligionen – Teilaspekte der umfassenden Religion, welche die allmähliche Menschwerdung eines jeden Menschen selbst ist. Dadurch, daß das zunächst nacheinander Erlebte allmählich von jedem Menschen selbst zur Einheit gebracht wird, entsteht einerseits universelle Menschlichkeit und ichhafte Individualität anderseits.

Jeder Mensch ist ein Hindu gewesen, jeder Mensch ist ein Hebräer gewesen, jeder Mensch ist ein Grieche gewesen, jeder Mensch ist ein Perser gewesen... In diesem Sinne dürfen wir nie die menschliche Individualität mit irgendeiner Einzelreligion identifizieren. Ein ähnliches gilt auch für die Beziehung zu den Rassen und Völkern. Kein Mensch ist identifizierbar mit irgendeiner leiblichen oder seelischen Ausprägung, weil jeder Mensch *alle* Leibesgeartetheiten und Volkskulturen im Laufe seiner Entwicklung sich zu eigen macht.

So wie jeder Mensch alle Religionen in der Zeit vor der «Wende» nacheinander und ohne einander durchlebt hat, so besteht für jeden Menschen die immer neu innerlich zu vollziehende Wende darin, daß die Harmonisierung aller «Religionen» miteinander als Aufgabe der individuellen Freiheit von jedem Menschen in Angriff genommen wird.

Die Tatsache, daß wir auch nach der Wende noch unterschiedliche und gesonderte Religionen nebeneinander haben, muß als das zu Überwindende betrachtet werden. Die zeitgemäße Aufgabe der religiösen Entwicklung besteht für jede Individualität, die zunächst in der gegenseitigen Ausschließung alle Religionsausprägungen durchgemacht hat, darin, daß sie jetzt diese Religionsformen nicht mehr in der Sonderung erlebe, sondern in ihrer Versöhnbarkeit miteinander. Dadurch erlebt jeder Mensch *sich selbst* als die wesenhaft werdende Synthese aller Religionen.

Die Synthetisierung der Religionen ist wie eine Anamnese: in der *Erinnerung* des schon lange Durchlebten werden alle Religionen als Tiefendimensionen der eigenen Seele *verinnerlicht* – Er-innern ist ein Inne-Werden – und dadurch ineinander gewoben und harmonisiert.

Man kann für die Religionen in der Mehrzahl etwas ähnliches sagen wie für die Rassen. Jede Individualität hat sich in jeder Rassenhülle im Laufe der Entwicklung nacheinander verleiblicht, um die spezifischen Erfahrungen machen zu dürfen, die durch jede «Hülle» ermöglicht werden. So auch mit den Religionen. Die Religionen in der Mehrzahl, die vor der möglich gewordenen Synthese durch jeden Menschen nacheinander durchlebt wurden, sind auch, insoweit sie zunächst von außen göttlich gegeben wurden, als «Hülle» zu verstehen.

Jeder Mensch ist eine ewige Individualität, die den Dynamismus in sich trägt, alles dasjenige, was sie zunächst als spezielle und spezifische Religionshüllen nacheinander getragen hat, dadurch «wesenhaft» zu machen, daß jede den Charakter des Bruchstückhaften überwindet. Der Hüllencharakter wird also dadurch überwunden, daß das Besondere und das Ausschließende, welches das Hüllenhafte ausmacht, überwunden wird. Die göttlich geoffenbarten Religionen, die den Menschen vor der Wende *getragen* haben, sollen nach der Wende von ihm *zusammengetragen* werden im eigenen Herzen. Dies ist auch der Sinn des Satzes des Evangeliums: Nimm dein Bett und wandle. Dasjenige, was dich in deiner Kindheit getragen hat, trage du es jetzt selber als Aufgabe der Freiheit.

Jeder Mensch ist dazu berufen, aus den vielen Religionen *eine Religion* zu machen. Was im Nacheinander zunächst Hüllencharakter trug, wird dadurch *wesenhaft* gemacht, daß das *Wesen Mensch* entsteht durch die Verinnerlichung und die Harmonisierung aller Religionen, in der umfassenden Selbsterfahrung und Selbstentfaltung, die kein Ende kennt.

Die Religionen – in der Mehrzahl – waren also Hüllen, die nacheinander angezogen wurden von jeder menschlichen Individualität. Zeitenwende geschieht immer dann, wenn der Mensch bestrebt ist, jede Religion von einer Hülle in ein Wesenhaftes im eigenen Wesen zu verwandeln. Dies tut er dadurch, daß er sie zur Einheit bringt, daß er *sich* zu ihrer lebendigen Einheit macht. Er gliedert die Religionen ineinander dadurch, daß er sie in das Menschenwesen eingliedert, in das eigene Wesen, das auf diese Weise zum geistigen Glied der *einen Menschheit* wird. So ist die Menschheit selbst die synthetische Religion eines jeden Menschen.

II.
Die östlichen Religionen vor Christus

Im vierten Vortrag der Reihe über das Markus-Evangelium schildert Rudolf Steiner die unterschiedliche Art und Weise, wie Buddha, Sokrates und Christus gelehrt haben. In dieser Schilderung, die als Zusammenfassung von großen Menschheitsimpulsen gemeint ist, sehen wir, wie die Entwicklung der Religionen und des Religiösen vor Christus vom Osten nach dem Westen über Griechenland hin sich vollzieht.

Wir sehen zunächst den Buddha so lehren, daß er bestrebt ist, seine Lehre weiterleben zu lassen in seinem Schüler. Die Unterweisung des Buddha geht dahin, daß dasjenige, was er durch seine Erleuchtung gelernt und erreicht hat, sich übertrage auf den Schüler. Als Lehrer will er erreichen, daß dieselbe Weisheit, die beim ihm – Buddha – vorhanden ist, unverändert und unverfälscht auch den Schüler erfülle. Ein guter Buddha-Schüler ist derjenige, der die Lehre des Buddha vom Mitleid und von der Liebe so in sich aufnimmt, daß er in seiner Innerlichkeit immer seinem Lehrer, dem Buddha ähnlicher wird. Das Ziel ist erreicht, wenn beim Schüler ganz derselbe Seeleninhalt und dieselbe innere Gesinnung vorliegt wie beim Buddha.

Ganz umgekehrt und dem entgegengesetzt ist die Art und Weise, wie Sokrates lehrt. Sokrates wehrt sich prinzipiell dagegen, daß irgend etwas von ihm – was in ihm durch sein eigenes, individuelles Bestreben entstanden ist – sich unverändert fortpflanze und sich übertrage auf den Schüler. Er will nur der Anreger zur eigenen Tätigkeit sein. Daher nennt er seine Kunst eine Hebammenkunst. Der Schüler wird dazu angeregt, aus seinem eigenen Wesen heraus und durch eigene Initiative eigene Gedanken und Willensimpulse hervorzubringen. Sokrates will, daß nichts von Sokrates im Schüler erlebt wird. Nichts soll hinüberspringen und auf seine Autorität hin herübergenommen werden. Dasjenige, was beim Schüler geschieht, soll vom Schüler als das Eigene, als das Selbsterzeugte erlebt werden.

Nur einmal hat Sokrates mehr wie ein Buddha gelehrt, aber nur einmal; und einmal hat Buddha mehr wie ein Sokrates gelehrt, aber auch nur einmal. Sokrates lehrt wie Buddha kurz vor seinem Tode, als er dabei ist, in die geistige Welt einzutreten. Buddha lehrt einmal diskursiv-dialogisch wie ein Sokrates mit dem Schüler Sonja, um ihn dazu zu bringen, etwas selber einzusehen, etwas selber zu verstehen.

Eine methodische und durchgreifende Synthese dieser zwei Arten, mit Schülern umzugehen, haben wir in den Evangelien, wo Christus mit dem Volk wie ein Buddha sich verhält, der durch Bilder und Gleichnisse lehrt. Diese Bilder wirken im Zuhörer auch ohne sein bewußtes und freies Zutun. Mit den vorbereiteten Schülern, mit den Aposteln, verhält sich Christus dagegen wie ein Sokrates. Da ist er bestrebt, durch begriffliche Erklärung der Gleichnisse, in Dialogform das diskursive und tätige Denken anzusprechen und anzuregen, wodurch jeder Einzelne eine eigene Einsicht in die Zusammenhänge erlangen kann.

Wenn wir uns diesen dreifachen Umgang mit dem Menschen vergegenwärtigen – bei Buddha, Sokrates, Christus –, so haben wir wie in einem zusammenfassenden Bild den Gesamtsinn der Entwicklung vor uns hingestellt.

Die Art und Weise, wie der Buddha lehrt, ist typisch für die religiöse Erfahrung in den östlichen Religionen vor Christus. In Sokrates sehen wir in einem gewissen Sinne den Grundcharakter des Umgangs der Menschen miteinander und auch der Erfahrung des Religiösen in der Entwicklung nach Christus vorweggenommen. In der Art und Weise, wie Christus lehrt, haben wir eine Synthese von beiden.

Christus bejaht die Berechtigung des Alten dadurch, daß er mit dem Volk auf Buddha-Weise vorgeht. Durch die Anknüpfung an die Vergangenheit, will er überall Übergänge schaffen. Diese braucht der Mensch immer, weil Entwicklung immer nur durch *allmähliche* Verwandlung des Alten in das Neue vor sich gehen kann. Mit dem Volk ist Christus deshalb wie ein Buddha, der sich dem Alten, Vor-Ichhaften als dem zu Verwandelnde wendet. Da werden alle östlichen Religionen zusammengefaßt und in ihrem Vorbereitungscharakter bestätigt.

Auf der anderen Seite, wo Christus wie ein Sokrates mit den intimen Schülern umgeht, haben wir in seinem Wirken etwas wie eine Vorwegnahme aller künftigen Entwicklung. In der zweiten Hälfte der Entwicklung, in der Zeit nach Christus, wird jeder Mensch mehr und mehr dazu berufen, auf individuelle und freie Weise sein eigenes Denken zu betätigen, um die Entwicklungsphänomene immer besser zu verstehen und nach eigenem Verständnis zu handeln.

Damit ist zugleich gesagt, welchen Grundcharakter alle Religionen vor Christus gehabt haben. Wir haben es mit einer Zeit der Entwicklung der Menschheit zu tun, die einen vorbereitenden Charakter trägt. Wir sind noch in der Zeit, in der die Religionen im Nacheinander verschiedene Einzeleigenschaften im Menschen ausprägen durch das Eingebettetsein des Einzelnen in seinem besonderen Volk und dadurch im Göttlichen selbst.

Wenn wir die Dreigliederung des Menschen in Leib, Seele und Geist zugrunde legen, können wir sagen: die atlantische Entwicklung hat die Grundausprägungen des *Leibes* durch die Rassen hervorgebracht; die nachatlantischen Volksreligionen stellen Grundstufen der *seelischen* Entwicklung dar. In dieser Zeit vermag der individuelle Mensch noch nicht als Ich-*Geist,* als ausgeprägte Individualität eine reale Autonomie seiner Gruppe, seinem Volk oder seiner Religion gegenüber in sich erleben. Er wird zunächst – ähnlich wie ein Kind – mitgetragen vom Gruppenhaften wie von Elternwesen.

Die Bhagavad-Gita und die Paulus-Briefe: Abschluß und Neuanfang

Es gibt einen kleinen Zyklus von Vorträgen Rudolf Steiners, der heißt «Die Bhagavad-Gita und die Paulus-Briefe». Da wird ausgeführt, daß die Geistigkeit, die sich in der Bhagavad-Gita äußert, eine höchste Vollkommenheit nicht nur der Inhalte sondern auch der Form darstellt. Dies könnten wir um so besser nachvollziehen, wenn wir die Möglichkeit hätten, die ursprünglichen Wertigkeiten der Ausdrücke der Sanskrit-Sprache zu erleben.

Dagegen finden wir in den Paulus-Briefen soviel zunächst ganz «Menschliches», was wir im Vergleich mit der Bhagavad-Gita als viel weniger vollkommen bezeichnen müssen. Paulus erscheint sowohl der Form wie auch dem Inhalt nach unvollkommener zu sein als die Bhagavad-Gita.

So wird oft vom Osten dem Christlichen gegenüber der Einwand gemacht: ist es nicht sehr unvollkommen, was Paulus von sich gibt? Er wird so oft so persönlich! Er läßt seine leidenschaftliche Menschlichkeit immer wieder durchblicken in seinen Briefen. Wie kann dieses «Christliche» als vollkommener angesehen werden – verglichen mit den Inhalten eines Textes wie die Bhagavad-Gita? Diese ist durch und durch göttlich inspiriert, aber wo ist die göttliche Vollkommenheit bei Paulus?...

Wenn wir diese rätselhafte Frage geisteswissenschaftlich angehen, so lernen wir von einer anderen

Seite wiederum den Sinn der Entwicklung und ihrer verschiedenen Stufen erkennen.

Es ist gar keine Frage: was sowohl die Inhalte wie auch die Form angeht, kann die Vollkommenheit der Bhagavad-Gita als Perle der östlichen Religion nicht übertroffen werden. Weder die Tiefe der Inhalte noch die Vollendung der Sprache und der Form sind auch je übertroffen worden. Aber eben dieses ist das Wichtige, daß wir es mit etwas zu tun haben, das in seiner Art nicht gesteigert werden kann. Wir haben es zu tun mit einem Abschluß, mit einer Vollendung im Sinne eines Endes. Die Entwicklung der Religion hätte unmöglich in dieselbe Richtung noch weitere Fortschritte machen können.

Wo aber ein letzter Abschluß und eine letzte Vollkommenheit in irgendeine Richtung erlangt werden, muß die Entwicklung *von einer anderen Seite* wieder anheben, falls sie nicht zum völligen Stillstand kommen soll.

Die inhaltliche und künstlerische Vollendung der heiligen Schriften der östlichen Religionen ist der Tatsache zu verdanken, daß sie nicht im eigentlichen Sinne von Menschen erzeugt, sondern von der göttlich-geistigen Welt als Offenbarung dem Menschen eingegeben worden sind. Darin liegt ja der wesentliche Unterschied der Religion vor Christus und der Religion nach der Wende.

Der Grundcharakter des Religiösen vor Christus bestand darin, daß die Gottheit in der Zeit der seelischen Kindheitsstufe der Menschheit die führende Rolle innehatte. Die Urweisheit, die durch göttliche Inspiration und durch instinktives Hellsehen in den vorchristlichen Religionen entstand, trägt den Charakter der göttlichen Vollkommenheit. Die Menschen hatten noch die Fähigkeit, von der Gottheit selbst entgegenzunehmen, was nicht menschliche, sondern göttliche Gedanken waren.

Durch die Wende entsteht auch in dieser Hinsicht eine Umkehrung der Richtung in der Entwicklung. Die göttliche Offenbarung hört allmählich auf, eine ausschließliche Rolle zu spielen. Sie will mehr und mehr dem freien Wirken des Menschen Platz machen. Der Mensch soll allmählich zum Mitschöpfer heranwachsen. Der Anfang muß zwar bescheiden und ganz unvollkommen sein, aber er ist dazu bestimmt, immer vollkommener zu werden im Laufe der Zeit.

Das Erlöschen des alten Hellsehens besteht gerade darin, daß die Gottheit allmählich sich zurückzieht. Sie will nicht weiterhin ohne eigenes Zutun des Menschen, diesen mit göttlicher Offenbarung füllen. Sie will im Menschen die Fähigkeit erwecken, aus den geschaffenen Gesamtbedingungen der Freiheit heraus, in der Dankbarkeit gegenüber der Gnade, die innere Schöpferkraft des eigenen Geistes ganz real in Anspruch zu nehmen. Der Mensch soll nunmehr zunehmend dasjenige achten und pflegen, was er selber auf sokratische Weise, aus der eigenen Freiheit heraus hervorbringt. Der Sinn der göttlichen Gnade ist die Freiheit des Menschen. Das Gesamtwirken der Gnade ist das Erzeugen des Vermögens der Freiheit.

Eine Gnade, die nicht beabsichtigen würde, sich in der Freiheit des Menschen zu erfüllen, wäre für den Menschen, so wie der Mensch sich real erlebt, eine «Ungnade». Der Mensch, der die Gnade als Gegensatz, als Verbot der Freiheit versteht, der mißversteht die Gnade ganz. Derjenige, der nicht seine Freiheit als Gesamtverantwortung seiner Entwicklung real hervorbringt, macht das Gesamtwirken der Gnade nichtig.

Den schöpferischen Willen der Gottheit erfüllt nur der Mensch, der das Wirken der Gnade und der göttlichen Liebe durch das Üben der eigenen Freiheit erfüllt. Die Gottheit will nicht ihr Bestes – das Schöpfersein – dem Menschen vorenthalten. Sie will ihm ihr Bestes im Laufe der Entwicklung mitteilen.

Wo der Mensch zum Mitschöpfer wird, erübrigt sich die Gnade nicht. Rudolf Steiner wird oft vorgeworfen, daß seine Betonung der Freiheit des Menschen einem Außerkraftsetzen der Gnade gleichkomme, daß seine «Selbsterlösung» im Gegensatz zu Erlösung durch Gnade stehe. Wir haben es hier mit einem Mißverständnis zu tun. Ein Wirken der Gnade, das Freiheit ermöglicht, ist ein viel anspruchvolleres Wirken als ein Wirken der Gnade, das die Freiheit ersetzt und nicht will. Wo der Mensch anfängt, Mitschöpfer zu sein, hat die Gnade wesentlich mehr zu tun als in der Phase seiner Kindheit, wo die Gottheit allein gewirkt hat. Das tägliche Aufrechterhalten der Gesamtbedingungen der Freiheit ist viel komplizierter und gottgewaltiger, als eine Welt zu verwalten, in der keine Freiheit ist.

Wo menschliche Freiheit entsteht, erwächst der göttlichen Gnade die zusätzliche Aufgabe, alles das wiedergutzumachen, was der Mensch in den Kinderschuhen der Freiheit verdirbt und verbricht. Er ist ja heute am Anfang der Übung der Freiheit: sie ist zunächst mehr eine Freiheit des Egoismus und der Willkür als eine Freiheit der Liebe. Die göttliche Gnade muß täglich alles das wieder gut machen, wieder in Ordnung bringen, was der Mensch zunächst alles in Unordnung bringt. Darin liegt gerade ein erhöhtes und vertieftes Wirken der Gnade, das erst dadurch möglich und nötig wird, daß die Freiheit des Menschen hinzukommt in der Entwicklung.

So können wir sagen: die Gegenüberstellung der Bhagavad-Gita und der Paulus-Briefe wird für uns zu einem zusammenfassenden Bild der Entwicklung der Religionen und des Religiösen in der Menschheit. Die Bhagavad-Gita faßt das Vorchristliche zusammen und bringt es zu einem vollendeten Abschluß. Darin äußert sich eine Religion, in der die göttliche Offenbarung und Gnade eine fast ausschließliche Rolle gespielt hat und in der die Freiheit noch ganz anfänglich und nur auf vorbereitende Weise sich meldete.

Umgekehrt in den Paulus-Briefen: da haben wir einen neuen Anfang von einer ganz anderen Seite her. In der religiösen Entwicklung nach Christus ist für den Menschen nicht mehr nur dasjenige wichtig, was die Gottheit tut. Entscheidend wird jetzt dasjenige, was der Mensch aus seiner Freiheit heraus hinzufügen kann. Das Anfängliche, Bescheidene, sogar Unbeholfene bei Paulus ist zwar, verglichen mit der alten göttlichen Offenbarung, höchst unvollkommen. Aber in der Dynamik der Entwicklung bringt es eine Stufe weiter. Es ist das Neue und Zukunftsträchtige.

Entwicklung konnte nicht dort weitergehen, wo die Bhagavad-Gita endet. Jene Vollkommenheit kann man nicht weiter steigern. Die Entwicklung geht bei Paulus weiter, gerade weil wir bei ihm den ersten Anfang von etwas ganz Neuem haben. Dieses Neue hat gerade deshalb noch viele Jahrtausende der weiteren möglichen Entwicklung vor sich, weil es noch ganz unvollkommen und stammelnd ist.

Und dieses Neue besteht darin, daß hier gerade das persönliche, das Ichhafte, das Individuelle, das Freiheitliche, das aus der eigenen Einsicht heraus Errungene mitentscheidend wird für die Entwicklung.

«Es gibt den Geist nicht (mehr) nach Versmaß»

Es gibt im dritten Kapitel des Johannes-Evangeliums (Joh. 3,34) einen Satz, der heißt wörtlich: «Denn derjenige, den der Gott gesandt hat, spricht lallend die Worte des Gottes, denn er gibt nicht den Geist aus dem Maß.» Für «aus dem Maß» steht im Griechischen ἐκ μετρου (ek metrou). Es wird üblicherweise so übersetzt: «Denn Gott gibt den Geist ohne Maß» oder «gibt den Geist unbegrenzt». Aber im Griechischen heißt es nicht «ohne Maß» oder «unbegrenzt», sondern wörtlich: «nicht aus dem *Vers*maß».

Rudolf Steiner gibt eine Erklärung dieses Verses – der ja für die Theologie immer ein Rätsel geblieben ist –, die ich sehr einleuchtend finde. Der Weltensohn, den der Vater gesandt hat, soll die Freiheit des Menschen einleiten. Die Welt der Naturnotwendigkeit ist Gesamtbedingung und Arbeitsmaterial der menschlichen Freiheit. Der Sinn der Naturnotwendigkeit ist die Freiheit, was, ins Christliche übersetzt, in dem Satz geäußert wird: *der Vater sendet den Sohn.* Dieser Satz bedeutet: Naturnotwendigkeit findet ihren Sinn in der menschlichen Freiheit. Sie verlangt sie.

Im zitierten Vers wird gesagt: Derjenige, den der Vater gesandt hat, «lallt» Gottes Worte. Für «redet» steht auf griechisch λαλει (lalei), das ist wie das deutsche «lallen»: es wird wie beim Kind wieder von vorne angefangen. Der Mensch fängt jetzt an, wie ein kleines Kind *selber sprechen* zu lernen, Gottes Worte *aus sich heraus* hervortönen zu lassen. Dies ist zunächst höchst unvollkommen wie ein Lallen, ist aber der Anfang der Entwicklung in der Freiheit. So wird auch das andere völlig verständlich: er gibt den Geist nicht mehr aus dem Versmaß, in der Vollkommenheit des Versmaßes.

Das Wort «Metros» steht hier für die poetische Versvollkommenheit aller alten Texte, die göttlich inspiriert waren. Die vollendete Versform, die in den östlichen Schriften, in vielen Teilen des Alten Testaments oder auch in der «Ilias» und in der «Odyssee» uns so in Bewunderung versetzt, war göttlicher Herkunft. Sie ist poetisch (im Versmaß) vollkommen, weil gottgegeben. Deswegen steht da auch das Wort «gibt». Dieses Geben ist die göttliche «Eingebung», die in der alten Zeit gang und gäbe war.

Aber gerade dies wird durch Christus zu Ende gebracht. Er gibt *nicht* den Geist in der Vollkommenheit des Versmaßes, in der Vollkommenheit der göttlichen Sprache, sondern er spricht aus dem Menschen heraus zunächst «lallend», anfänglich, ganz bescheiden. Damit will er jedem Menschen Mut machen, dieses Sprechen aus dem eigenen Ich heraus in Anspruch zu nehmen. Jeder kann es, jeder darf es, jeder *will* es in seinem tiefsten Wesen. Jeder Mensch ist dazu berufen, die Worte des Göttlichen, die Begriffe aller Dinge, die das Wesen der Dinge aus dem Menschendenken heraus erfassen und hervorbringen, von sich zu geben.

Man kann solche Kernsätze des Johannes-Evangeliums wie Grundsatzerklärungen nehmen, die den Gesamtcharakter der Entwicklung darstellen wollen. Es wird uns gesagt: der Grundcharakter der Religion vor Christus bestand darin, daß der geistige Inhalt der Welt in einer göttlich geoffenbarten Sprache, die vollkommen war, eingegeben wurde. Er drückte sich aus in der poetischen Vollkommenheit der Versmaße und der Versform. Die Prophezeiungen des Alten Testamentes, die Psalmen sind auch in dieser göttlich gegebenen Vollkommenheit der Versform eingegeben worden.

Dem muß jetzt aber ein Ende gesetzt werden. Es muß dem Neuen Platz gemacht werden, wo der

Mensch sich nicht mehr damit begnügt, nur ein Sprachrohr der Gottheit zu sein, ein Ort der Offenbarung und des Hindurchwirkens des Göttlichen in der Welt. Dieses sind alle anderen Dinge auch. Beim Menschen soll die Ich-Erfahrung *hinzu*kommen. Der Mensch strebt nach geistiger Selbständigkeit, nach eigener, bewußt erfaßter Verantwortung dem Wirken der Gnade und der ganzen Schöpfung gegenüber. Er ist dazu berufen, zum Mitgestalter der Geschicke der ganzen Schöpfung zu werden.

Seelenwanderung oder Wiederverkörperung?

Ein weiterer wichtiger Aspekt im Verständnis der östlichen Religionen vor Christus ist die Frage der *Wiederverkörperung* oder *Seelenwanderung*. Es wird immer wieder behauptet, daß ein Grundunterschied zwischen Christentum und östlichen Religionen darin besteht, das in diesen schon immer der Gedanke vorhanden war, das der Mensch nicht nur einmal lebt, sondern wiederholt auf die Erde herunterkommt. Diese Frage ist auch in dem Sinne ganz zentral für das Verständnis der Entwicklung der Religionen in der Menschheit, daß in der Geisteswissenschaft Rudolf Steiners eine neue Stufe des Christentums eingeleitet wird, wo zum Wesen des Christentums ein *christliches* Bewußtsein der Wiederverkörperung dazugehört.

Rudolf Steiner ist bemüht, seine Wiederverkörperungs-Auffassung, die Art und Weise, wie er das Mysterium der wiederholten Erdenleben versteht, zu unterscheiden von dem, was wir zum Beispiel im Hinduismus oder im Buddhismus oder in letzten Resten auch noch bei Platon finden.

Diese Auseinandersetzung zwischen der Wiederverkörperungslehre bei Rudolf Steiner im westlich-christlichen Sinne und der Wiederverkörperungslehre in den östlichen Religionen ist wesentlich für die Unterscheidung des Religiösen vor und nach der Wende, weil der *Wende*charakter im Sinne von einem ganz neuen Anfang hier voll ersichtlich wird. Hier muß ausgegangen werden von der wichtigen Unterscheidung zwischen *Seelenwanderung* – griechisch «Metempsychose» – und *Wiederverkörperung* im eigentlichen Sinne.

In den östlichen Religionen vor Christus waren noch nicht die Voraussetzungen vorhanden, um von *Wiederverkörperung* des Menschengeistes im eigentlichen Sinne zu sprechen. Es ist ausschließlich und allein von *Seelenwanderung* die Rede, von Wanderung der Menschen*seele* von einer Leiblichkeit zu einer anderen.

Rudolf Steiner sieht im Menschen nicht nur Leib und Seele, sondern: Leib, Seele *und Geist.* Diese Dreiteilung des Menschen – Trichotomie genannt – war besonders den Eingeweihten der ersten christlichen Jahrhunderte bekannt. Sie ist vom traditionellen Christentum verdrängt worden, nicht zuletzt weil die Rede vom Menschen*geist* zunächst nur eine Prophezeiung war dessen, was jeder Mensch erst im Laufe seiner Entwicklung in der Freiheit hervorbringen muß. Die Aussage, daß der Mensch aus Leib, Seele und Geist *besteht,* ist irreführend. Er ist im Laufe der Entwicklung erst dazu *berufen*, dem Leiblich-Seelischen die Erfahrung des Geistigen immer wesenhafter durch freie Arbeit an sich selbst allmählich *hinzuzufügen*. Er ist dazu berufen, immer wesenhafter zu einem Geist zu *werden*.

Die Unterscheidung zwischen Seele und Geist kann zurückgeführt werden auf den doppelten νους (Nous) des Aristoteles. Dieser unterscheidet zwischen «leidendem» und «tätigem» Verstand oder Nous. Alle inneren Phänomene, wo der Mensch «leidend», das heißt passiv und empfänglich sich verhält, stellen ein *Seelenhaftes* dar. Der Mensch als Seele wird mitgetragen und mitgerissen: vom Leiblichen oder von der sozialen Gruppe, der er angehört – mit ihren Gesetzen und Gebräuchen. Als Seele kann er nur gruppenhaft sein, noch nicht individuell. Er ist das Schaf, das sich noch nicht von der Herde gesondert hat.

Wo aber der Mensch immer stärker innerlich tätig und schöpferisch wird im aristotelischen Sinne, da wird er immer intensiver zum *Geist*. Seele ist leidend und gruppenhaft, Geist ist tätig und individuell. Darin besteht der *gewaltige* Unterschied zwischen Seele – und Seelenwanderung – und Ich-Geist – und Wiederverkörperung.

Wiederverkörperung ist das Entwicklungsgesetz des *Ich*, des Menschen*geistes*. Es ist das Entwicklungsgesetz der ewigen, geistigen Individualität. Man kann von Wiederverkörperung im eigentlichen Sinne nur sprechen, wo echte Ichhaftigkeit, echte Ich-Wesenheit vorhanden ist, die sich selbst identisch bleibt durch

Selbstbewußtsein und die von Leben zu Leben frei und selbständig schreitet, indem sie einen Leib nach dem anderen sich aufbaut. Seelenwanderung gibt es überall dort, wo der Mensch sich noch als Seele erlebt, das heißt noch eingebettet in einem Gruppenhaften, in einem Gemeinsamen.

Die Seele, das Ich und das Ich-Bewußtsein

Weil Ichhaftigkeit, weil Individualität in der bewußten Erfahrung des Ich vor Christus nur ganz anfänglich möglich war, können wir nicht beim Menschen von Wiederverkörperung des Geistes sprechen. In den östlichen Religionen finden wir deshalb die Grundaussage, daß die *Seele* des Menschen nicht mit dem Leib sich auflöst, sondern im seelischen des Kosmos fortbesteht wie ein zusammenhängendes Kraftgebilde von Begierden, Trieben, Instinkten und Leidenschaften. Dieses Seelengebilde verbindet sich in späterer Zeit wiederum mit einer neuen Leiblichkeit, um neue *seelische* Erfahrungen auf der Erde zu machen.

Jeder Mensch war auch in der Zeit vor der Wende ein Ich, ein individuelles geistiges Wesen. Der Sinn der vielen Verkörperungen, der wiederholten Lebenserfahrungen in der physischen Welt besteht darin, daß immer mehr Ich-*Bewußtsein* entsteht. Solange ein Ich-Wesen seiner selbst noch zu wenig bewußt ist, ist es ein individuelles Wesen zunächst nur *der Anlage nach* (in potentia, sagen Aristoteles und die mittelalterliche

Scholastik). Die Anlage zum Geist ist aber gerade dasjenige, was wir als *Seele* bezeichnet haben.

Das Ich-Bewußtsein verhält sich zum geistigen Wesen des Ich, zum unvergänglichen Wesenskern des Menschen wie das Spiegelbild zur Wirklichkeit, die gespiegelt wird. Ein Ich, das nicht weiß, daß es ein Ich ist, kann sich noch nicht als Ich verhalten und betätigen, da es sich noch nicht kennt. Es wäre wie ein Mensch, der eine fabelhafte Erbschaft ererbt hat, weiß aber noch nichts davon. So sehen wir, daß die Unterscheidung zwischen Ich und Ich-Bewußtsein nicht weniger unerläßlich ist als die Unterscheidung zwischen Seele und Geist.

Maßgebend für die Selbsterfahrung des Menschen als Wesen der Freiheit ist nicht nur, daß der Mensch ein geistiges Ich-Wesen, eine unvergängliche Individualität ist, sondern nicht weniger die Tatsache, daß der Mensch sich das bewußt macht, daß ein Bewußtsein dessen in ihm entsteht, was er ist. Wenn wir von Ich-Entwicklung im Laufe der Zeit reden, beziehen wir uns vordergründig auf die *Bewußtwerdung* des eigenen Ich von Seiten jedes Menschen, denn erst die Bewußtwerdung des eigenen Ich ermöglicht, was wir die Freiheit nennen.

So können wir sagen, daß «Unsterblichkeit der Seele» und «Unsterblichkeit des Geistes» durch Ich-Bewußtsein zwei völlig verschiedene Dinge sind. Wir können auch, wenn wir wollen, von Unsterblichkeit der Tiere reden: die Seelenkräfte, die im Leibe des Tieres tätig waren, verschwinden und vergehen nicht durch das Ablegen und Verwesen des Leibes. Sie bleiben bestehen, sie werden zurückgenommen in die Gruppenseele des Tieres selber, was die Alten die Tier-*Art*, die Spezies genannt haben, wodurch sie eine übersinnlich *seelische* Wirklichkeit gemeint haben («anima», Seele, und «animal», Tier, sind ein und dasselbe Wort). Dieses Seelische erlebt «Seelenwanderung» beim Aufbauen einer neuen Tierleiblichkeit.

Auch der Mensch, insoweit er ein Gesamtgebilde von Seelenkräften darstellt, vergeht nicht nach dem Tode. Dieses Seelische besteht fort, hört zunächst nur auf, mit dem Leibe verbunden zu sein. Die Frage der Wiederverkörperung im *christlichen* Sinne ist also die Frage: inwieweit – dank der Wende der Entwicklung – eine Bewußtwerdung des eigenen Ich, eine Bewußtwerdung seiner Selbst als geistiges Wesen von Seiten des Menschen endgültig und vollgültig möglich gemacht wird, so daß der Mensch im Laufe seines Lebens in der Leiblichkeit sich nicht nur als *Seele*, die mitgetragen wird vom Gemeinsam-Gruppenhaften, sondern als *Ich*, als gesonderte und selbständige geistige Individualität erlebt und als solche sich betätigt und in der Welt wirkt.

Der göttliche Sohn ist in die Menschheit gekommen, um allmählich die verschiedenen Religionen des Seelischen in die einheitliche Religion des Geistigen im Menschen zu verwandeln. Die wiederholte Verbindung mit der Leiblichkeit erzeugt das Ich-*Bewußtsein*, und dieses ermöglicht, daß der Mensch auch nach dem Tode, im leibfreien Zustand, sich als eine in sich abgeschlossene geistige Wesenheit erlebt. Aber gerade dieses ist das Wesen dessen, was wahrhaft «Unsterblichkeit des Menschen» genannt werden darf.

Unsterblich ist man nicht, unsterblich wird man

Die Tatsache, daß vom Menschen nach dem Tode alles Mögliche «übrigbleibt», bedeutet noch kein Fortbestehen des Menschen *als Menschen*, das heißt als ich-bewußtes und individuelles geistiges Wesen. Auch von einer Pflanze, die «stirbt», bleiben alle Materialien «übrig» und gehen andere Verbindungen ein. Damit ist aber gesagt, daß der Mensch zunächst die Fähigkeit, die Anlage bekommen hat, wahrhaft unsterblich erst *zu werden*.

Unsterblichkeit nach dem Tode ist selbst eine allmähliche und individuelle Errungenschaft der Entwicklung. Unsterblich ist man nicht, unsterblich *wird* man. Unsterblichkeit ist keine absolute Größe, sondern sie hat Grade der Intensität. Ich-Werdung und «Unsterblich-Werdung» sind ein und dasselbe. Nach dem Tode kann bei keinem Menschen mehr oder anderes fortbestehen, als was im Menschen schon vor dem Tode vorhanden war. Durch den Tod entsteht nichts im Wesen des Menschen: es vergeht nur die Leiblichkeit.

Dies bedeutet aber, daß wir von Wiederverkörperung des Ich-Geistes als des Menschen-Geistes erst, und zwar sogar zunächst nur anfänglich, *nach* Christus sprechen können, weil eine echte Selbsterfahrung des Menschen als Ich erst nach Christus überhaupt möglich wird.

Je wesenhafter sich der Mensch als Ich im Leben erlebt und verhält, desto stärker das Ich-Bewußtsein – die Unsterblichkeit – auch nach dem Tode. Jeder Mensch ist dazu berufen, immer «unsterblicher», das heißt immer selbständiger und freier zu werden. Er soll immer weniger die Verantwortung für dasjenige, was er tut, auf andere zuschieben. Ich-Bewußtsein wird dadurch immer intensiver, daß jeder seine individuelle Verantwortung übernimmt für die eigene Entwicklung und für die Entwicklung von Menschheit und Erde. Die geistige Wesenhaftigkeit des Ich ist wiederum eine Sache der Entwicklung.

Die Vollkommenheit und die Vollendung der «Unsterblichkeit» wird dadurch erlangt, daß das individuelle Ich keinen Unterschied mehr erlebt zwischen der eigenen Entwicklung und der Entwicklung aller Wesen. Alle Geschicke der ganzen Menschheit und der ganzen Natur werden zu seinen innerlichsten und individuellsten Angelegenheiten.

Die göttliche und die menschliche Trinität

Die Gottheit wird in praktisch allen Religionen – auch in den vorchristlichen – vielfach als *Trinität* aufgefaßt. Diese Tatsache könnte, im Sinne einer «vergleichenden Religionsbetrachtung», zu einer Relativierung der

Wende führen. Daher die Notwendigkeit, wenn auch kurz, auf den Grundunterschied einzugehen, der besteht in der Auffassung der göttlichen Trinität vor und nach Christus.

Es gibt eine Hindu-Trinität von Brahman, Vishnu und Shiwa. Es gibt eine ägyptische Trinität von Isis, Osiris und Horus... Die wichtige Frage ist hier: Was erlebt der Mensch im Umgang mit der göttlichen Trinität, und was *wird* er dadurch. Die Beantwortung dieser Frage zeigt uns wiederum einen Grundunterschied in der menschlichen Erfahrung der göttlichen Trinität vor und nach Christus.

In meinem Buch «Christentum oder Christus?» habe ich versucht darauf hinzuweisen, daß alle göttlichen Trinitäten in den Religionen vor Christus im christlichen Sinne als Dreiheiten *des Vaterwirkens* aufzufassen sind. Sowohl Brahman, der Schöpfer, wie auch Vishnu, der Erhalter, und Shiwa, der Zerstörer: alle drei wirken im Sinne einer väterlichen Gnade Gottes in der Zeit wo das Hinzukommen der Freiheit des Menschen erst noch ganz in Vorbereitung ist.

Die *christliche* Trinität ist in dem Sinne eine prinzipiell andere, daß der Sohn eine völlig neue Dimension der Entwicklung ermöglicht und einleitet: die Dimension der menschlichen Freiheit. In diesem Sinne darf der göttliche Sohn im christlichen Sinne niemals verwechselt werden mit irgendeinem Sohn in den vorchristlichen Trinitäten.

Wo von göttlicher Trinität die Rede ist, genügt es nicht, bei der theoretisch-abstrakten Aussage zu bleiben. Man muß konkreter eingehen auf die Erfahrung und auf die reale Entwicklung die der Mensch durch den religiösen Umgang mit dieser oder jener Gottheit durchmacht. Nicht das Gesagte, nicht die theologische Theorie ist wichtig, sondern dasjenige, was real am Menschen und im Menschen geschieht.

Wo ist Buddha jetzt? Was sagt er, was tut er heute?

Im selben Sinne ist in der Geisteswissenschaft Rudolf Steiners zum Beispiel die Frage weniger wichtig, was Buddha gesagt hat, was er gelehrt hat, als die ganz andere Frage, was Buddha in der Menschheit *bewirkt* hat. Durch den Übergang von der Theorie zur Wirklichkeit werden solche Fragen erst überhaupt gestellt. So wird auch die andere Frage wichtig: Wo ist Buddha *jetzt* und was tut er *jetzt?* Wenn wir davon ausgehen, daß er selbst keine Theorie ist, sondern eine sehr reale Wesenheit, die im sechsten Jahrhundert vor Christus die Reihe ihrer Inkarnationen zum Abschluß gebracht hat, so ist sie auch jetzt in der geistigen Welt weiterhin real und wirksam.

Wenn die Menschen fähig wären, seine Inspiration *heute* zu vernehmen, würden sie dasselbe hören, was Buddha vor zweitausendfünfhundert Jahren gesagt hat? Hat Buddha sich nicht weiterentwickelt? Wenn die Menschheit in diesen Jahrtausenden, auch dank seiner Lehre und seinem Wirken, eine *ganz andere* geworden ist und in unserer Zeit völlig neue Entwicklungsschritte vollzogen werden dürfen und müssen als damals, sollte man nicht denken, daß Buddha in seiner unendliche Liebe zu allen Menschen heute *ganz anderes* zu sagen hat und ganz anders wirkt als damals, auch wenn die Menschen nicht die Fähigkeit haben, ihn zu hören oder bei dem verbleiben wollen, was er vor langer Zeit gesagt hat, und ihm, dem Lebendigen, auf diese Weise *untreu* werden?

Das Erschütternd-Ergreifende der Geisteswissenschaft Rudolf Steiners erlebt man an der Tatsache, daß er aus seiner geistigen Forschung solche Fragen stellt und beantwortet. Er verfolgt den real lebendigen Buddha in seiner Entwicklung bis zum heutigen Tage und schildert, wie damals – im sechsten Jahrhundert vor Christus – dasjenige zeitgemäß und entwicklungsfördernd war, was Buddha damals sagte und tat, und wie heute derselbe Buddha ganz anderes als das für uns Zeitgemäße inspiriert und bewirkt.

Der lebendige Buddha weiß, daß die Menschen heute, gerade weil sie das durchgemacht haben, was er ihnen damals als das Zeitgemäße empfohlen hatte, andere geworden sind. Deshalb hat er heute ganz anderes den Menschen zu sagen als damals. Hier zeigt sich einmal mehr, wie maßgebend in der Geisteswissenschaft Rudolf Steiners die methodische Perspektive der Entwicklung ist.

Nehmen wir das Beispiel der Gottheit des Hinduismus, die *Krishna* heißt. Im Hinblick auf die Frage, wer Krishna ist, ergeben sich verschiedene Perspektiven – je nachdem, ob man die Wirkensweise des Krishna am Anfang der indischen Religion – etwa im siebten, achten Jahrtausend vor Christus – nimmt oder ob man dasjenige betrachtet, was, viel später, Krishna durch den Wagenlenker dem Arjuna in der Bhagavad-Gita inspiriert. Noch ganz anderes ergibt sich, wenn wir fragen: Wer ist und wie wirkt Krishna heute? Wo ist er zu finden, und was sagt er heute dem Menschen?

In der Mahabharata, der die Bhagavad-Gita angehört, finden wir etwas ganz Erstaunliches. Krishna ist gerade derjenige, der dem Arjuna sagt, er soll nicht zaudern davor, seine Blutsverwandte in den Tod zu schicken. Viele, die in den östlichen Religionen nur «Liebevolles» sehen wollen, übersehen, daß eine der Grundaufforderungen der Bhagavad-Gita darin besteht, daß Arjuna den Mut finden soll, die Blutsverwandtschaft zu durchbrechen und sich davon zu befreien.

Die Entwicklung war in der Vergangenheit auf die Kräfte des gemeinsamen Blutes gebaut. Dies soll überwunden werden. Die Fähigkeit des alten, *atavistischen* Hellsehens war der Blutsverwandtschaft und der Nahehe zu verdanken. Die Menschen erlebten das Wirken der Gottheit in ihrem Blut und durch ihr Blut. Jetzt aber naht die Zeit – so sagt Krishna dem Arjuna –, wo das blutgebundene Hellsehen unzeitgemäß und retardierend wirkt. Wenn du die Zukunft vorbereiten willst, sagt er ihm, sollst du das Bestimmende des Blutes überwinden, in deinem eigenen Wesen abtöten. Du sollst dich fortan nicht mehr nur dem hingeben, was das Blut naturnotwendig bewirkt. Es sollen nicht mehr Blutsverwandte mit Blutsverwandte heiraten. Die Fernehe soll die Nahehe ablösen, um die individuelle, blutunabhängige Freiheit zu ermöglichen. Blutsverwandtschaft soll allmählich der Wahlverwandtschaft Platz machen.

Wie wunderbar wird diese Schwelle der Entwicklung in den Mythologien und in den Religionen aller Völker geschildert! So zum Beispiel in der Erzählung des Raubes der Sabinerinnen in der römischen Geschichte. So im Alten Testament, wo viel davon die Rede ist, was es heißt, nicht im eigenen Volk, nicht im eigenen Stamm, nicht im eigenen Blut zu heiraten, sondern durch Mischung mit fremdem Blut die magisch-göttliche Kraft des Blutes zu durchbrechen. Wir finden auch im Evangelium wesentliche Hinweise auf dieses Mysterium – zum Beispiel im ersten Zeichen des Christus zu Kana in Galiläa.

Das Wort «Galiläa» bedeutet Blutmischung, Völkergemisch. Das wesentliche Kennzeichen des Galiläischen war gerade die Mischung des Blutes. Christus konnte nur dort wirken, wo Menschen waren, die wenigstens anfänglich die *Blutsverwandtschaft,* das Getragenwerden durch das Blut, überwunden hatten. Bei ihnen kann er die zweite Hälfte der Entwicklung, die getragen wird von der *Wahlverwandtschaft,* einleiten. Wir haben hier wiederum einen wesentlichen Aspekt der großen Wende der Entwicklung: den Übergang von der Blutsverwandtschaft als einem Wirken der Gottheit im Menschen zur Wahlverwandtschaft als dem Hinzutreten der Freiheit des Menschen. Die Religionen vor Christus waren Religionen des Blutes; die Religion nach Christus soll die Religion der Wahlfreiheit werden.

So verstehen wir, warum Krishna dem Arjuna sagt: Kämpfe mutig, bejahe die entwicklungsnotwendige Tatsache, daß jetzt Blut gegen verwandtes Blut sich erheben muß, und nicht mehr dasselbe Blut zusammen halten soll, weil die künftige Entwicklung will, daß jedes Gruppenhafte, das nur möglich ist dadurch, daß das Blut das Bestimmende ist, überwunden wird.

Wer ist *Krishna* als reale göttliche Wesenheit? Nach Rudolf Steiner ist er eine Teiloffenbarung des Wesens, das später beim Mysterium von Golgatha sich inkarniert hat in dem Jesus von Nazareth, von dem im Lukas-Evangelium die Rede ist. In Krishna zeigen sich dem Arjuna Kräfte, die beim Sündenfall der Menschheit unschuldig geblieben waren. Es ist die unschuldig gebliebene Menschheitsseele, die einige der ersten Kirchenväter die «anima candida» genannt haben. Es sind die menschlichen Kräfte des «Baumes des Lebens», die im Paradiese zurückgehalten wurden. Nur der Baum der Erkenntnis wurde in die irdische Strömung des Sündenfalls hinuntergeschickt. Ein Teil dieser unschuldig gebliebenen Kräfte des übersinnlichen

Logos, des Weltenwortes im Menschen, zeigen sich wesenhaft in Krishna.

Die Tatsache, daß wir es in Krishna mit einer realen Erscheinung des Weltenwortes zu tun haben, zeigt sich in wunderbarer Weise dort, wo in der Bhagavad-Gita – und dies gehört zum Wesentlichen dieser Perle des Hinduismus – Krishna sein eigenes Wesen enthüllt. Da wird gesagt, daß in Krishna das Wesen aller Dinge sich offenbart, daß heißt das Göttliche-Logoshafte in allen Dingen. Dadurch, daß dieses Göttlich-Wesenhafte die ganze Schöpfung hervorbringt, ist Krishna auch die Ursache aller Dinge. Das innerste geistige Wesen aller Dinge und die Wirkursache der ganzen Schöpfung: Dies offenbart sich in Krishna dem Arjuna.

So hören wir wörtlich Krishna verkünden: «Ich bin des Werdens Geist, sein Anfang, seine Mitte und sein Ende. Unter den Wesen bin ich das edelste stets von allem, was geworden ist. Unter den geistigen Wesen bin ich Vishnu, bin die Sonne unter den Sternen, bin unter den Lichtern der Mond, bin unter den Elementen das Feuer, bin unter den Bergen der hohe Meru, bin unter den Wassern das große Weltenmeer, bin unter den Flüssen Ganga, bin unter der Bäume Menge Asvattha, bin der Herrscher im wahren Sinne des Wortes der Menschen und aller Wesen, die da leben, bin unter den Schlangen die, die da ewig ist, die des Daseins Grund selber ist» (Bhagavad-Gita, 10. Gesang).

Und weiter heißt es: «Diese Ursache der Welt – Feuer ist es, die Sonne ist es, und der Mond ist es auch; so auch ist es dieses reine Brahma und dieses Wasser und dieses Oberste der Geschöpfe. Alle Augenblicke und alle Wochen und alle Monate und alle Jahre und alle Jahrhunderte und alle Jahrtausende und alle Jahrmillionen sind aus ihm hervorgegangen, sind hervorgegangen aus seiner strahlenden Persönlichkeit, die niemand begreifen kann, nicht oben, nicht unten, nicht rings im Umkreis und nicht in der Mitte, da wo wir stehen...»

Krishna, Buddha und der deutsche Idealismus

Dasjenige, was sich hier übersinnlich, geistig-real in Krishna offenbart, bringt Rudolf Steiner in Verbindung mit einem ganz anderen kulturellen Phänomen in der Menschheit: mit dem *deutschen Idealismus*. Auch im deutschen Idealismus ist die Rede vom Absoluten, von dem Wesen in allen Dingen, das schöpferisch ist und das sich in allen Dingen offenbart.

Es besteht aber ein großer Unterschied zwischen dem Vorchristlichen der Bhagavad-Gita und dem Nachchristlichen des deutschen Idealismus. Diese göttlichen Gedanken wurden durch Krishna dem Arjuna ohne Anstrengung des Menschendenkens geoffenbart. Im deutschen Idealismus, so abstrakt dieses Denken zunächst erscheinen mag, werden dieselben Gedanken durch die höchsten und tiefsten Ich-Kräfte und Denkkräfte des Menschen selbst errungen. Es ist ja nur ein Zeichen der eigenen geringeren Entwicklung, wenn man nicht selber bei diesen Idealisten die heißesten, innersten Erkenntniskämpfe durchmachen kann. Denn diese Idealisten sind die allerbesten Zeugen der Ich-Kraft im Menschen und des Ringens um Freiheit und Schöpfertum des Menschengeistes.

Im sechsten Jahrhundert vor Christus, lange nach dem Entstehen der Bhagavad-Gita, erscheint dann der Buddha, der wie in einem großen Abschluß alles zusammenfaßt, was an alten Religionslehren vorhanden war im Osten. Dasjenige, was als göttlicher Weisheitsinhalt in den Veden, im Vedanta geoffenbart worden war, wird von ihm zusammengefaßt am Anfang der griechischen Kulturperiode. Buddha steht da, um dieses alles der künftigen Menschheit zu vermachen, weil die Zeiten jetzt vorüber sind, wo solches noch entstehen kann. Wie eine Erinnerung soll dastehen in der Menschheit, was da in vergangenen Jahrtausenden geoffenbart wurde.

Der eigentliche Beitrag des Buddha für die Zukunft der Menschheit besteht deshalb nicht mehr in einem Offenbarungsinhalt, es ist nicht in erster Linie ein Weisheitsvolles. Das Wesentliche bei Buddha ist die Betonung der praktischen *Übung*, ist der Weg, der *achtgliedrige Pfad.* So verwandelt eigentlich der Buddha die östliche Hindureligion, die in der Vergangenheit mehr ein Weisheitsvolles enthielt, als Offenbarung des Göttlichen in der ganzen Welt und im Menschen, in einen Übungsweg, in ein Moralisches.

Dies mußte so sein, denn die Menschheit verlor immer mehr die Fähigkeit, die göttliche Offenbarung zu empfangen. Sie entfernte sich und sonderte sich immer mehr vom Geistigen. Das Erkenntnismäßige und Weisheitsvolle wird deshalb vom Buddha in ein Moralisches verwandelt, wo der Mensch bestrebt ist, den Sündenfall durch religiöse Übung real rückgängig zu machen. Buddha lehrt den Menschen den Weg der inneren Läuterung, den moralischen Weg um zurückzufinden, um sich zurückzuverbinden mit dem Geistigen.

Die Vedanta-Philosophie und die griechische Philosophie

Um noch von einer anderen Seite den Grundcharakter der östlichen Religion vor Christus zu erfassen, können wir die Vedanta-Philosophie mit der griechischen vergleichen. Im siebten Vortrag der Reihe über das Markus-Evangelium stellt Rudolf Steiner diese zwei Phänomene einander gegenüber, um zu zeigen, wie wir es in der Vedanta-Philosophie mit, wie er sagt, «hellseherisch geschauten Begriffen» zu tun haben, im Gegensatz zur griechischen Philosophie, die in den letzten Jahrhunderten vor Christus zu einem ganz Neuen übergeht, und zwar zu Begriffen, die vom Menschen selbst individuell errungen und innerlich-diskursiv, denkerisch-logisch erlebt werden.

Es ist für den heutigen Menschen, meint Rudolf Steiner, nicht leicht, sich vorzustellen, wie Begriffe hellseherisch geschaut werden können. Man kann sich aber darum bemühen, indem man sich in den Übergang zur griechischen Philosophie, in die Gespräche Platons hineinvertieft. Da merkt man überall den Übergang von den göttlich geoffenbarten Begriffen zu den vom Menschen diskursiv und logisch – dialogisch! – errungenen Begriffen. Wenn man zum Beispiel sich in das platonische Gespräch «Theätet» vertieft, hat man da als zwei Grundthesen, die einander gegenüberstehen, gerade die zwei erwähnten Entwicklungsstufen.

Der eine der Gesprächspartner meint, daß Gedanken Wahrnehmungen sind. Das ist die eine Grundthese. Die Gegenthese stellt dagegen die Wahrnehmung als ein dem Gedanklichen Entgegengesetztes dar. Wir haben hier bei Platon den realen Entwicklungsübergang objektiv geschildert. Beide Gesprächspartner sagen eigentlich das «Richtige» in dem Sinne, daß jeder auf echte und treue Weise seine innere *Selbsterfahrung* wiedergibt.

Der eine ist ein älterer Mensch, der noch auf alte Weise, so wie es in den östlichen Kulturen und Religionen üblich war, zugleich mit der sinnlichen Wahrnehmung der Dinge ein Empfangen ihrer weisheitsvollen und begrifflichen Zusammenhänge erlebt. So war es in jeder alten Offenbarung. Der andere Gesprächspartner dagegen ist der jüngere Mensch, der nicht deshalb die entgegengesetzte These vertritt, weil er der entgegengesetzten «Meinung» ist – als ob wir es mit zwei «Theorien» zu tun hätten –, sondern weil er die Gedanken ganz anders real *erlebt.* Beide geben objektiv wieder, wie sie die Wechselwirkung zwischen Wahrnehmung und Begriff in sich erleben.

Der eine schildert, wie er Wahrnehmung und Begriff

in einem mitbekommt, so daß er sie nicht als voneinander unterschieden erleben kann. Bei ihm kann man noch von «hellseherisch geschauten – wahrgenommenen – Begriffen» reden. Für ihn ist die Wahrnehmung zugleich Begriff und der Begriff eine unmittelbare geistige Wahrnehmung. Beide werden wie von außen empfangen, göttlich geoffenbart und durch Inspiration in die menschliche Seele eingegeben.

Der andere ist ein Mensch, der diese Art der Selbsterfahrung kaum mehr haben kann. In diesem Sinne ist er auch «wahr» in seinen Aussagen. Er ist einer der ersten Menschen, in dem die Wahrnehmung anfängt, ganz anders erlebt zu werden als die Gedanken und die Gedanken ganz anders als die Wahrnehmung. Die Wahrnehmung kennzeichnet sich bei ihm gerade dadurch, daß sie vorgegeben ist, daß da der Mensch nicht tätig ist und sie einfach vorfindet. Ganz entgegengesetzt das Gedankliche: das Hinzufügen der Begriffe wird von ihm als etwas erlebt, was eben *nicht* «gegeben» wird, was der Mensch nicht nochmals empfänglich und passiv entgegennimmt. Beim Denken muß jetzt der Mensch selber tätig werden, oder es wären keine Begriffe da.

So können wir den Unterschied verstehen zwischen Vedanta-Philosophie und griechischer Philosophie. In der Vedanta-Philosophie haben wir noch «hellseherisch geschaute Begriffe». Dies gehört zum Grundcharakter der östlichen Religion vor Christus: selbst das Gedanklich-Begriffliche ist ein direktes Wirken der Gottheit im Menschen! Nicht der Mensch, sondern

Gott selber bewirkt durch Inspiration und Offenbarung im Menschen das Entstehen und die Wahrnehmung von Begriffen und vom Logosgehalt der Welt.

Im Gegensatz dazu steht die griechische Philosophie: besonders durch den Rubikon, der überschritten wird im Übergang von Platon – der ja diese letzten Reste, wie erwähnt, noch gehabt hat – zu Aristoteles, der jetzt in ganz eindeutiger Weise das Neue einleitet in der Menschheit durch seine «Logik», durch seine Erkenntnisweise und Erkenntnistheorie. Auch bei ihm ist die «Theorie» die Wiedergabe dessen, was zwar ganz neu, aber real von ihm erlebt wird.

Bei Aristoteles hebt eine völlig neue Art an, das Begrifflich-Gedankliche, das Logische der Welt zu handhaben. Der Mensch fängt jetzt an, das Denken als eigene Betätigung, als eigene Schöpfung zu erleben. Das Hervorbringen der Gedanken und die Verknüpfung der Gedanken miteinander wird als eigenes Schaffen des Menschen gehandhabt. Der Welten-Logos wird zur Menschen-Logik. Der Mensch soll sich jetzt selber als der Schöpfer seiner Begriffe erleben und moralische Verantwortung dem Denken gegenüber übernehmen. Er darf nicht mehr die Begriffe als ein ausschließlich von der Gottheit in ihm Hervorgebrachtes erleben und betrachten.

In der griechischen Philosophie der letzten Jahrhunderte vor Christus sehen wir eine entscheidende Vorbereitung für die Wende, für das umfassende Neue, das durch das Mysterium von Golgatha ermöglicht wird in der Menschheit. Die große Wende der Entwicklung ist auch die Wende aller Religionen von jedem Teilhaften zum Universell-Synthetischen. Was das Weisheitsvolle der Welt, das Weltenwort, angeht, schafft der Mensch in Griechenland den Übergang vom göttlich Geoffenbarten zum menschlich Errungenen. Dies geschieht dank der Eroberung des Denkens durch die individuelle, schöpferische Handhabung der Gedanken.

Buddha und Christus

Die beste Art und Weise, die östlichen Religionen vor Christus in ihrem wahren Sinn zu verstehen, ergibt sich durch eine Betrachtung der realen geistigen Beziehung zwischen *Buddha und Christus*. Diese Beziehung kann zugleich als Urphänomen der Beziehung angesehen werden, die besteht zwischen dem Christus-Wesen und den Stiftern der anderen Religionen.

Es ist einer der großen Verdienste der Geisteswissenschaft Rudolf Steiners, daß sie von immer neuen Gesichtspunkten ausführt, in welchem Sinne die Sonnen-Wesenheit – die im christlichen Abendlande «Christus» genannt wird – eine Sonderstellung in der Gesamtentwicklung der Menschheit innehat. Das zentrale Ereignis der Menschwerdung des Sonnenwesens, des Wesens der Liebe, ist nicht nochmals etwas Besonderes, etwas Partielles oder Teilhaftes, was neben anderem bestehen kann. Es ist gerade die Synthese, die Harmonisierung aller Teilaspekte in einem umfassenduniversellen Ganzheitlichen. Die Beziehung zwischen

Buddha und Christus ist ähnlich der Beziehung zwischen Zarathustra und Christus, zwischen Krishna und Christus...

Die Grundaussage Rudolf Steiners bezüglich der Art und Weise, wie Buddha und Christus zueinander stehen, ist diese: Buddha ist der große *Lehrer* von Mitleid und Liebe; Christus ist die substantielle *Wesenheit* von Mitleid und Liebe.

Buddha ist derjenige, der ein Bewußtsein davon in der Menschheit erweckt, wie notwendig es ist, die Kräfte des Mitleides und der Liebe zu pflegen. Gerade deswegen, weil die Mission des Buddha, die ihm von der göttlichen Führung der Menschheit anvertraut wurde, darin bestand, daß er durch seine Lehre und sein Wirken ein *Bewußtsein* von der Notwendigkeit der Liebe und des Mitleides erweckte, war ein ganz anderes noch notwendig geworden, was nicht in seiner Mission lag.

Denn es genügt nicht, daß der Mensch ein *Bewußtsein* davon hat, wie notwendig Liebe und Mitglied sind. Er muß auch die *realen Kräfte*, nicht nur die Lehre, von Mitleid und Liebe in sich tragen. Woher kommen die Kräfte, die realen Kräfte?

Von welchem Wesen empfängt der Mensch die realen Kräfte, welche die *Wirklichkeit* – nicht nur die Lehre, nicht nur das erkenntnismäßige Bewußtsein –, das heißt die Wesenhaftigkeit der werktätigen Liebe und des Mitleides bringen? Es ist ein anderes zu wissen, was man werden sollte, und ein ganz anderes, es auch zu können und real zu werden. Es ist ein anderes, zu wissen, daß ein Ofen dazu da ist, das Zimmer warm zu machen, so daß man dem Ofen die Lehre erteilt, er soll das Zimmer warm machen, und ein anderes, Holz in den Ofen hineinzutun, so daß dieses auch geschieht.

Die große Aufgabe des Buddha bestand darin, die Menschheit darauf aufmerksam zu machen, daß der «Sündenfall», die Atomisierung der Menschheit in einzelnen Individuen so weit gediehen war, daß die Kräfte des Egoismus das Auseinanderdriften und das Gegeneinanderwirken der Menschen schon sehr weit gebracht hatten. Buddha machte die Menschen darauf aufmerksam, daß jetzt die Aufgabe der Entwicklung darin besteht, den Egoismus zu überwinden durch Mitleid und Liebe.

Im sechsten Jahrhundert vor Christus, kurz vor der Wende, hat Buddha die Menschheit auf die Tatsache des Egoismus aufmerksam gemacht, auf den Mangel an Mitleid und an Liebe. Er hat auf die Notwendigkeit hingewiesen, daß ein Eingreifen von Seiten der göttlichen Führung notwendig ist, um reale Kräfte in die Menschheit hineinzugießen, die dem entgegengesetzt stehen.

So wie die Kräfte des Sündenfalls die Zersplitterung und das Gegeneinander des Egoistischen bewirkt haben – als reale Kräfte, und nicht nur als Theorie –, so, sagt der Buddha, müssen jetzt für die Regeneration der Menschheit entgegengesetzte Kräfte, die wiederum nicht vom Menschen allein kommen können, hervorgebracht werden. In die Menschennatur müssen die realen Kräfte der Liebe und des Mitleides hineingegossen werden, die jedem Menschen die Möglichkeit geben, Egoismus in sich zu überwinden.

Der Grundunterschied zwischen Buddha und Christus besteht also darin, daß Buddha, der große Lehrer der Notwendigkeit von Mitleid und Liebe ist und Christus, als Antwort auf die Bewußtwerdung dieser Notwendigkeit, die substantiellen, real wirksamen Kräfte der Liebe in die Menschheit und in die ganze Erde hineingießt. So schildert Rudolf Steiner, daß es wahr ist, was in der östlichen Religion über die Bodhisattvas gesagt wird, die nacheinander zum Buddha werden. Der letzte, der zum Buddha geworden ist, war der Bodhisattva, der im sechsten Jahrhundert vor Christus geboren ist und im neunundzwanzigsten Lebensjahr seine Erleuchtung erreicht hat. Das war seine letzte irdische Inkarnation. Sein Nachfolger wird erst in dreitausend Jahren zum Buddha werden.

Die Zwölf und der Dreizehnte

Die Schar von zwölf Ur-Bodhisattvas ist in der geistigen Welt um einen Dreizehnten geschart. Sie sind wie die großen Missionare, die eine Lehre von den verschiedenen notwendigen Impulsen in die Menschheit bringen. Aber alle sind um eine dreizehnte Wesenheit geschart. Diese dreizehnte Wesenheit steht zu ihnen wie die Sonne zu den zwölf Tierkreiszeichen. Alle Bodhisattvas beugen sich vor diesem Dreizehnten und empfangen von ihm ihre Mission. Der Dreizehnte bringt in die Menschheit die Wirklichkeit dessen, wovon die Bodhisattvas jeweils ein Bewußtsein in der Menschheit erwecken.

So haben wir makrokosmisch das Bild der zwölf Tierkreiszeichen, die «besucht» werden von der Sonne, als Bild der Gesamtentwicklung. Die zwölf großen Bodhisattvas lösen sich ab und werden jeweils zum Buddha. Die Sonnenwesenheit, die im Abendland Christus genannt wurde, hat die Aufgabe, dasjenige, was das Bewußtsein als notwendig erkennt, auch real möglich zu machen für die menschliche Freiheit durch die entsprechende Gestaltung der irdischen Entwicklungsverhältnisse.

Dieser reale Unterschied zwischen Buddha und Christus ist auch in den heiligen Schriften der Religionen enthalten. Wir brauchen nur die Schriften ernst zu nehmen, so wie sie sind. Wenn wir die ursprünglichen Schriften des Buddhismus nehmen, das heißt dasjenige, was Buddha wirklich sechshundert Jahren vor Christus gesagt hat, sehen wir immer den Buddha bestrebt, ein *Bewußtsein* in seinen Schülern zu erwecken. Wir finden niemals die Rede davon, daß der Buddha von sich behaupten würde, er wäre die substantielle kosmische Kraft der Liebe und des Mitleides.

Sätze, die von Christus geäußert werden und die in den Evangelien enthalten sind, wie: Ich bin das Licht der Welt, Ich bin die Auferstehung und das Leben... kommen in den Schriften des Buddhismus in bezug auf Buddha nicht vor. Echte heilige Schriften sind immer wahrhaftig: sie enthalten objektiv dasjenige, was die jeweilige Mission des betreffenden Wesens darstellt.

So können wir jetzt auch besser verstehen, wie das Christentum sehr darum ringen mußte, die zentrale Sonnenwesenheit richtig zu erfassen. Das Ringen um den Unterschied zwischen dem Menschlichen und dem Göttlichen geht zurück auf das Ringen um den Unterschied zwischen dem, was ein Buddha in die Menschheit gebracht hat, und dem, was diese Christus-Wesenheit in die Menschheit gebracht hat. Die Wesenheit, die Christus genannt wird, bringt in die Menschheit einen kosmischen Impuls im umfassendsten Sinne.

Der achtgliedrige Pfad – damals und heute

Wenn wir das Buch Rudolf Steiners: «Wie erlangt man Erkenntnisse der höheren Welten?» aufschlagen, finden wir dort unter den wichtigen seelischen Übungen den *achtgliedrigen Pfad* des Buddha. Die Frage drängt sich auf: Ist hier nicht alles ganz genau wie im Buddhismus, wie bei Buddha? Sind es nicht genau dieselben acht Seelenübungen? Im ganzen Buch wird, wenigstens äußerlich, kaum auf das Christus-Ereignis Bezug genommen... Spielt vielleicht hier die Perspektive der Entwicklung keine Rolle?

Um diese Frage zu beantworten, müssen wir Folgendes bedenken. Buddha stellt, wie schon erwähnt, Forderungen auf, die im achtgliedrigen Pfad zusammengefaßt sind. Diese Forderungen verlangen aber das

Ausbilden von realen Kräften. Diese Kräfte wurden im umfassendsten Sinne vom Wesen der Liebe in die Menschheit hineingebracht.

Nehmen wir eine und dieselbe Individualität, die dank der Wiederverkörperung diese acht Übungen das eine Mal fünfhundert Jahre vor Christus und das andere Mal im 20. Jahrhundert macht. Sind es beide Male dieselben Übungen? Ja und Nein. Die Vorgabe ist dieselbe, aber die Art und Weise der Ausführung und die inneren Erfahrungen, die dabei gemacht werden, sind ganz unterschiedlich. «Das Was bedenke, mehr bedenke *Wie!*» Vor Christus konnten diese Übungen kaum durch individuelle Ich-Kraft gemacht werden. Aber nach Christus kommt es gerade auf diese Kraft an.

Es ist nebensächlich, ob sich der heutige Mensch, der diese acht Übungen macht, einen «Buddhisten» oder einen «Christen» nennt. Wichtig ist, ob er diese Übungen *auf zeitgemäße Weise* macht. Wichtig ist, was er dabei erlebt und wer er durch diese Übungen *wird.*

Wo Buddha *und* Christus im Herzen der Menschen zusammenwirken – wo das Bewußtsein des Guten und die Kraft, es zu vollbringen, sich begegnen –, wird der Mensch *auf immer neue Weise* 1. richtig denken; 2. richtig entscheiden; 3. richtig sprechen; 4. richtig handeln; 5. den richtigen Beruf finden; 6. die richtigen Gewohnheiten sich aneignen; 7. die richtige Lebenserfahrung sammeln; 8. die richtige Meditation üben. Er wird ein guter Buddhist und ein guter Christ in einem sein, aber beides nur dank der Tatsache, daß er als freier *Mensch* die heute zeitgemäße Entwicklungsaufgabe erfüllt.

III.

Die Zarathustra- und die Buddha-Strömung

Die nachsintflutliche Entwicklung der Menschheit als Entwicklung der Religion im eigentlichen Sinne hat mit sich gebracht, daß die erste Form der Religion, die sich besonders in der indischen Kultur ausgeprägt hat, eine Religion der Sehnsucht nach der geistigen Welt war. Im siebten, achten Jahrtausend vor Christus waren die Menschen noch mit einem instinktiven Hellsehen begabt. Viele hatten noch Erlebnisse die sie in das Geistige hineinführten. Es gab Erinnerungen an die atlantischen Zeiten: Erinnerungen an eine Entwicklung der Menschheit, wo die Menschen noch viel wesenhafter verbunden waren mit dem Geistigen.

So können wir sagen: die erste Form der Religion der Menschheit, die jeder heute lebende Mensch selber durchgemacht hat, trug den Grundcharakter der Trauer um den Verlust der direkten Verbindung mit der geistigen Welt. Sie war durchzogen von der Sehnsucht, zurückzufinden zum Urschoß der Gottheit, zur paradiesischen Urheimat des Menschen.

Weil der Mensch damals noch nicht die Fähigkeit haben konnte, seine Verbindung mit dem Irdisch-Materiellen als Aufgabe der künftigen Entwicklung voll zu würdigen, wird uns verständlich, warum eigentlich die erste Form der Religion sich nicht anders äußern konnte als durch eine innere Abneigung der Welt der Materie gegenüber. Die physische Welt wurde als Ort des Sündenfalls und der Verunreinigung des Menschen, ja als Maja, als Quell aller Illusion gesehen.

Das Heil konnte noch nicht darin gesehen werden,

daß der Mensch dazu berufen ist, die irdische Aufgabe der Verwandlung der materiellen Welt in Anspruch zu nehmen. Die Erlösung und das Heil des Menschen wurden darin gesehen, daß der Mensch sich herauslöst aus der Materie, die irdische Welt verläßt und zurückkehrt zur göttlich-geistigen Welt. Die erste Form des Religiösen wurde die indische Sehnsucht, zurückzukehren zur paradiesischen Urheimat des Menschen.

Zarathustra und die Erde als Arbeitsfeld

Ganz anders wurde schon die zweite nachatlantische Kultur, wo die persische Urform des Religiösen vom großen Eingeweihten Zarathustra eingeleitet wurde. Das ganz Neue, was von Zarathustra in die Menschheit hineingebracht wurde, war die Überwindung der Abneigung gegen die physische Welt durch die Bewußtwerdung des positiven Sinns der Verbindung des Menschen mit der Materie. Diese Verbindung wurde jetzt als Aufgabe gesehen, als Aufgabe der Entwicklung des Menschen schlechthin.

Die Erde wurde von Zarathustra zum erstenmal als entwicklungsnotwendiges Arbeitsfeld betrachtet. Die Kräfte der Materie wurden zwar der finsteren Gottheit Angria Mainu (Ahriman) zugeschrieben als Gegenkräfte des Guten. Das Neue der persischen Religion bestand darin, daß die Auseinandersetzung mit den Kräften des Finsteren und des Bösen als notwendige und positive Aufgabe der Entwicklung gesehen wurde.

Durch die zarathustrische Religion fängt der Mensch an, die irdischen Aufgabe zu bejahen.

Schon im vierten, fünften Jahrtausend vor Christus konnte Zarathustra die große Prophetie aussprechen, die dann die ganze nachatlantische Mysterienentwicklung begleitet hat, daß die geistige Wesenheit der Sonne, die er die große geistige Aura nannte, «Ahura-Mazda» (Ormuzd), schon damals daran war, immer näher zur Erde zu kommen mit der Absicht, Stufe um Stufe die Sonnenleiblichkeit zu verlassen, um sich mit den Gesamtkräften der Erde so zu verbinden, daß sie aus der Erde ihren Leib machen würde.

So sah Zarathustra als die Aufgabe der Religion, dieses Sonnenwesen zu verehren und es zu begleiten auf seinem Weg zur Erde hin. Auf diese Weise verstehen wir, warum die irdische Aufgabe von Zarathustra so bejaht wurde.

Wenn wir diese zwei ersten Grundformen der Religion ins Auge fassen, die alt-indische, die erste nachatlantische, und die altpersische, die zweite nachatlantische, so haben wir im Grunde genommen die zwei Urformen alles Religiösen vor Christus. Die erste trägt einen mehr östlichen Charakter: da hat der Mensch noch nicht die Fähigkeit, die Auseinandersetzung mit der Erde und mit dem Leiden, das damit verbunden ist, als positive Aufgabe der Entwicklung zu bejahen. Die zweite erlebt durch Zarathustra eine erste Hinwendung zur Aufgabe auf der Erde.

Wir haben schon angedeutet, daß in der vorchristlichen Zeit noch nicht die zarathustrische Form der

Religion die Ausschlaggebende sein konnte. Was zunächst überwog in allen östlichen Religionen vor Christus, war die Scheu des Menschen vor der Materie und die Sehnsucht, sich herauszulösen aus dem Übel der Wiederverkörperung. So war es auch noch bei Buddha, kurz vor Christus. Auch er sah die Aufgabe der inneren Läuterung darin, daß der Mensch dazu kommt, es nicht mehr nötig zu haben, sich mit der Materie zu verbinden. Er wird herausgenommen aus dem Rad der Geburten. Der Durst nach Dasein, die Sehnsucht nach Verbindung mit der Materie, wird überwunden und zum Auslöschen gebracht.

Zarathustra weist dagegen auf die inkarnatorische Entscheidung des Sonnenwesens hin, das sich anschickt, auf die Erde zu kommen, um durch die ganze zweite Hälfte der Entwicklung hindurch in der Erde drinnen inkarniert *zu bleiben,* um die Gesamtentwicklung des Menschen *auf der Erde* zu ermöglichen und zu begleiten.

Die zwei Bäume des Paradieses

Diese zwei Urformen des Religiösen in der Menschheit werden im ersten Buch Mosis dargestellt im Bilde der *zwei Bäume des Paradieses.*

Ein Teil der Menschheitskräfte wird heruntergelassen in die Strömung des Sündenfalls, was sich im Bilde des Baumes der Erkenntnis darstellt. Andere Kräfte der ursprünglichen Menschheitsseele werden zurückbehalten in der geistigen Welt, im paradiesischen Unschuldszustand. Diese Kräfte sind repräsentiert vom Baum des Lebens.

Diese zwei Bäume stellen die zwei Teile der Menschheitssubstanz dar, die dann im Laufe der nachatlantischen Entwicklung die zwei Grundformen des Religiösen wachrufen.

Die Buddha-Strömung ist inspiriert durch ihre tiefe Verbundenheit mit den Kräften, die paradiesisch-unschuldig geblieben sind. Deshalb finden wir in den östlichen Religionen immer das Bestreben, zurückzufinden zu den Kräften des Baumes des Lebens, zu den paradiesischen Kräften der Unschuld.

Wir haben auf der anderen Seite in Zarathustra die Individualität, die, nachdem sie zum erstenmal in Persien inkarniert war und die persische Religion eingeleitet hatte, weiterhin verbunden bleibt mit der Strömung des Baumes der Erkenntnis und maßgebend ist für jede weitere Ausprägung der zweiten Form der Religion, die die Erde liebt.

An der Zeitwende geschieht die Wiedervereinigung der zwei religiösen Strömungen der Menschheit. Die zwei Bäume des Paradieses werden wieder eins. Die Religion der Sehnsucht nach dem Geistigen erscheint konzentriert im lukanischen Jesus. Die Religion der Liebe zum Irdischen wird wesenhaft in dem Matthäus-Jesus. Diese zwei werden im zwölften Lebensjahr eins.

Die Kräfte des Baumes der Erkenntnis sind alle Erfahrungen, die der Mensch dank dem Sündenfall in der Wiederverkörperung auf der Erde macht. Hier lernt er, durch zunehmende Individualisierung und Selbständigkeit, selber zu unterscheiden zwischen Gut und Böse. Er wird immer freier und moralisch zurechnungsfähiger.

Die andere religiöse Strömung ist die Verehrung der Kräfte in der Menschennatur, die mit dem Sündenfall nichts zu tun haben. Überall in der Menschheit sind auch heute noch Reste des Bewußtseins dieser Unschuldskräfte vorhanden: überall dort, wo die Rede vom höheren, wahren Ich des Menschen ist. Diese Kräfte erscheinen auf Erden zum erstenmal konzentriert in dem Jesus, von dem im Lukas-Evangelium – und in der neunzehnten Sure des Koran – die Rede ist.

Diese zwei Strömungen – des irdischen Sündenfalls und der himmlischen Gnade – waren einander polar entgegengesetzt und konnten nicht gleich am Anfang einen einheitlichen irdischen Träger haben. Das menschliche Gefäß mußte zunächst von jedem von beiden auf der Erde so verwandelt werden, daß eine Wiedervereinigung möglich wurde.

Die Entwicklung der Religion in der Menschheit vor Christus ist die Entfaltung dieser zwei Strömungen und der Beziehung, welche die Menschheit, in ihren verschiedenen Völkern und Kulturen, eingeht zu diesen zwei Kräfteströmungen, die Himmel und Erde repräsentieren.

So geht es darum, diese Urpolarität der religiösen Strömungen der Menschheit in der nachatlantischen Zeit zu verfolgen: die Zarathustra-Strömung einerseits – konzentriert in der Individualität des Zarathustra wie in einem Brennpunkt; er ist die Individualität, die am meisten irdische Erfahrung durch wiederholte Erdenleben sammelt – ; und die Buddha-Strömung anderseits, die immer verbunden blieb, auch in der letzten Zusammenfassung im sechsten Jahrhundert vor Christus, mit dem Paradiesischen, mit den göttlichen Kräften der Menschennatur.

Zarathustra, Hermes und Moses

Der Gründer der urpersischen Religion – *Zarathustra* – ist selbst der wesentliche Träger und Gestalter der gesamten irdischen Strömung bis zum Christus-Ereignis. Wenn wir die Entwicklung des Zarathustra in der Schilderung Rudolf Steiners bis zum Christus-Ereignis verfolgen, so erfahren wir, daß der Impulsator der ägyptischen Kultur, Hermes-Trismegistos, Hermes der dreimal Größte, seinen Astralleib von Zarathustra empfängt.

Die hebräische Religion entsteht dadurch, daß Zarathustra dem Moses seinen Ätherleib überträgt. Im Ätherleib sind die Erfahrungen in der Zeit eingeschrieben, daher vermag Moses die Mysterien der Entwicklung in der Zeit – besonders in der Genesis – zu enthüllen. Der Astralleib ist der Brennpunkt der gleichzeitig im Raum ausgebreiteten Kräfte. So vermag Hermes in der ägyptischen Religion sich mehr den astrologischen Mysterien des Raumes zu widmen. «Astralleib» heißt ja «Sternenleib».

Auf diese Weise sehen wir Zarathustra wesentlich beteiligt am Entstehen der Religion des Ägyptertums durch *Hermes* und am Entstehen der Religion des Judentums durch *Moses*.

Im sechsten Jahrhundert vor Christus, etwa in derselben Zeit, als Buddha in Indien inkarniert war, wurde Zarathustra in Chaldäa inkarniert, wo nochmals eine Begegnung mit der jüdischen Kultur stattfand durch die babylonische Gefangenschaft der Juden. In dieser Inkarnation hieß Zarathustra «*Zaratas*» oder «*Nazaratos*». Die darauffolgende Inkarnation des Zarathustra war dann im Jesus von Nazareth des Matthäus-Evangeliums, der im dreißigsten Lebensjahr zum Christus-Träger wurde.

Es gibt eine wichtige Äußerung im Evangelium, die in ihrer Urbildhaftigkeit nur auf die nachatlantische Entwicklung des Zarathustra bezogen werden kann. Wir haben eben gesehen: Zarathustra ist derjenige, der die Religionen der Menschheit, eine nach der anderen, so gestaltet, daß sie alle dazu beitragen, die *Inkarnation des Sonnenwesens* möglich zu machen als Zusammenfassung aller Kräfte der *Liebe zur Erde* und der Aufgabe, die Verwandlung der Erde zur wahren Religion der Menschheit zu machen.

Im Evangelium heißt es: «Du sollst deinen Gott lieben mit allen deinen *Kräften*, mit allen deinen *Gedanken*, mit deiner ganzen *Seele* und mit deinem ganzen Herzen oder *Geist*» (vgl. Mk 12,30).

Die Übersetzungen sind unterschiedlich. Es wird von vier Dingen gesprochen. Aber zunächst heißt es:

Du sollst *deinen* Gott lieben: das ist der Gott des Ich. Warum sonst «deinen» Gott, warum nicht «unser» Gott oder «euer» Gott? Es ist nicht die Rede von «unserem» Gott, sondern von «deinem» Gott, von Gott des individuellen Ich. Es wird gesagt: Du sollst alle deine Kräfte dieser Ich-Werdung widmen, wissend, daß die Gottheit den Gesamtplan für die Menschen ins Auge gefaßt hat, daß der Mensch immer ichhafter werde.

Diese Ich-Werdung äußert sich in einem Vierfachen: Du sollst alle Kräfte des *physischen Leibes* dieser Ich-Werdung widmen («mit all deiner *Kraft*»). Du sollst die ganzen Kräfte deines *Ätherleibes* der Ich-Werdung widmen. Der Ätherleib ist der Leib der Gestaltungs- und der Gedankenkräfte («mit all deinen *Gedanken*»). Du sollst alle Kräfte deiner Seele, alle Kräfte deines *Astralleibes* dem Gott des Ich widmen. Du sollt alle deine Seelenkräfte darauf richten, daß du immer ichhafter wirst im Laufe der Zeit («mit deiner ganzen Seele»).

Das vierte ist dann *das Ich* selbst, wo der einheitliche Herrscher der Seelenkräfte immer wesenhafter erlebbar wird für den Menschen («mit deinem ganzen *Herzen*»: im Blut äußert sich das Ich, der Geist). Die religiöse Entwicklung des Ich besteht darin, daß das zunächst «niedere» Ich (die Seele im eigentlichen Sinne) sich immer wesenhafter verbindet mit dem «höheren» Ich, daß die Kräfte des Egoismus des niederen Ich immer mehr in die Kräfte der Liebe des höheren Ich verwandelt werden.

Dieser wichtige Satz des Evangeliums faßt die reale Entwicklung der Individualität des Zarathustra als Gründer der erdenbejahenden Religionen vor Christus zusammen. In ihm wird die Entwicklung der Religionen der Menschheit schlechthin zusammengefaßt. Zarathustra ist diejenige Individualität in der nachatlantischen Zeit, die auf urbildhafte Weise dasjenige vollbracht hat, was in diesem Satz des Evangeliums enthalten ist.

Jesus von Nazareth, der diesen Satz äußert, ist der wiederverkörperte Zarathustra selbst, der dem Christus im dreißigsten Lebensjahr Platz gemacht hat dadurch, daß er ihm die dreifache Hülle – den physischen Leib, den Ätherleib und den Astralleib – zur Verfügung gestellt hat. Aus dieser dreifachen Hülle des Zarathustra, die jetzt von der Christus-Wesenheit selbst bewohnt wird, ertönt der ganzen Menschheit entgegen das Wort der *vierfachen Liebe* zu den Kräften des irdisch erworbenen Ich, zur göttlichen Ich-Erfahrung im Menschen: «Liebe *deinen* Gott [den Gott des Ich] mit all deiner Kraft [physischer Leib]; mit alle deinen Gedanken [Ätherleib]; mit deiner ganzen Seele [Astralleib]; mit deinem ganzen Herzen [Ich]». In diesem Satz äußert die Sonnenwesenheit, auf welche Weise der Mensch – jeder Mensch – die Menschwerdung des Logos möglich machen kann: durch Nachahmung dessen, was Zarathustra urbildhaft der ganzen Menschheit vorgelebt hat.

In der Tat hat Zarathustra seinen *Ich-Geist* der Entwicklung der Ich-Kräfte gewidmet dadurch, daß er als erster in der urpersischen Kultur das Wesen des Ich in der Sonne erblickte und verehrte. Er wurde der erste, der die Entwicklung der Menschheit so verstand, daß der Mensch dazu berufen ist, immer wesenhafter – dank den Kräften der Erde – die Kraft des Ich in sich zu pflegen.

Später vollzieht Zarathustra das zweite, was in diesem Satz des Evangeliums ausgesprochen wird: Liebe die Gottheit des Ich mit alle deinen *Gedanken*. Die Kräfte seines Ätherleibes, die Gedankenkräfte, hat Zarathustra in dem Sinne ganz der Pflege der Ich-Kräfte in der Menschheit gewidmet, daß er seinen Ätherleib, der einheitlich geblieben war nach seinem Tode, dem *Moses* einverleibt hat. Auf diese Weise entstand die hebräische Kultur, die jüdische Religion. Und das dritte: Seine *Seele*, die Gesamtheit der Kräfte des Astralleibes, hat Zarathustra im realsten Sinne der Entwicklung des Ich im Menschen dadurch gewidmet, daß er seinen Astralleib dem *Hermes*, dem Begründer der ägyptischen Religion, einverleibt hat.

An der Zeitenwende, als Zarathustra zu Bethlehem geboren wird, da ist er imstande, auch seinen physischen Leib, seine ganze «*Kraft*», der Ich-Entwicklung des Menschen zu widmen.

Wir haben also im ganz wörtlichen, geistig-realen Sinne in diesem Satz des Evangeliums die Zusammenfassung der nachatlantischen Entwicklung der Individualität des Zarathustra einerseits und der Religionen der Menschheit andererseits, insoweit sie die Strömung der Ich-Werdung, die Strömung der Zuwendung zur Erde umfassen. «Liebe deinen Gott mit deiner ganzen Kraft, mit all deinen Gedanken, mit deiner ganzen Seele, mit deinem ganzen Geist.» In dieser Vierheit ist nicht viermal mehr oder weniger dasselbe gemeint. Diese heiligen Schriften der Menschheit sind äußerst genau. Sie sind geschrieben in der Fachsprache des Esoterismus, die man kennen muß, um sie überhaupt zu verstehen. Sie setzen eine Wissenschaft des Übersinnlichen voraus.

So heißt der unmittelbar darauffolgende Satz: «und liebe deinen Nächsten wie dich selbst». Die Liebe zur Gottheit des Ich ist zugleich die Liebe zum Menschen, denn die positive Entwicklung des Menschen besteht darin, daß der Mensch durch Ich-Werdung immer gottdurchdrungener wird.

Komparative Religionsbetrachtung und die «wahre» Religion

So sehen wir, auf welche Weise die reale Synthese und Harmonie aller Religionen in der Geschichte der Menschheit sich vollzieht: in ganz anderem Sinne, als dies heute oft dargestellt wird. In der heute sehr verbreiteten «vergleichenden Religionsbetrachtung» geht es meist darum, die verschiedenen Religionen auf ihre Lehren hin, auf ihren theoretischen Gehalt hin zu vergleichen. Man hebt hervor dasjenige, was als Wahrheitsgehalt alle Religionen gemeinsam haben, indem man die Unterschiedlichkeiten wegläßt. Man versucht eine Versöhnung der Religionen dadurch herbeizuführen, das man sagt: Alle Religionen der Welt sagen im Grunde genommen dasselbe.

Die Auffassung der Einheit der Religionen der Menschheit ist bei Rudolf Steiner eine ganz andere. Ihm geht es darum, daß man die reale Entwicklung der Menschheit und eines jeden Menschen im Laufe der Jahrtausende durch die wiederholten Erdenleben erfaßt. Hier geht es nicht vordergründig um theoretische «Wahrheitsinhalte», sondern um *reale Entwicklung*, um dasjenige, was jeder Mensch *wird* im Laufe seiner Verkörperungen. Die Einheit der Religionen kann nur der Mensch selbst in seiner realen, einheitlichen Entwicklung sein.

Auch der Begriff «wahre Religion» ist bei Rudolf Steiner ein ganz anderer. Es gibt keine «wahre» Religion im abstrakt-theoretischen, absoluten Sinne. Es gibt nur zu jeder Zeit und auf jeder Stufe der Entwicklung eine religiöse Übung und Praxis von Seiten des Menschen, die entweder *zeitgemäß* oder *unzeitgemäß* ist. Nur dasjenige, was zeitgemäß ist, kann gut und so auch «wahr» und «schön» sein in dem Sinne, daß es *menschenfördernd* ist.

So kann man sagen: Wahr und gut kann Religion zu einer gegebenen Zeit der Entwicklung nur dadurch sein, daß sie die von der Zeit geforderte Weiterentwicklung des Menschen fördert. Dieses Zeitgemäße ist zu jeder Zeit etwas anderes, weil der Mensch in fortwährender Entwicklung begriffen ist.

Der Mensch ist so gesehen dazu berufen – wie schon erwähnt –, in *seinem eigenen Wesen* die reale Synthese aller Religionen im Laufe der Zeit zu verwirklichen. Dies geschieht zunächst durch eine Zeit der Vorbereitung hindurch, wo er die religiös-göttlichen Dimensionen seines Wesens *nacheinander* ausübt mit der Aufgabe, die Kräfte des Ich in sich zu entwickeln, die ihn instandsetzten, immer mehr durch eigene, individuelle Inititative alle diese Aspekte des Menschlichen zur Harmonie und zur Synthese im eigenen Wesen *ineinander* zu verweben. Dadurch bewirkt er in sich selbst die Erfüllung und die Fülle der Zeit, weil alles Nacheinander jetzt zu einem Gleichzeitigen durch ihn und in ihm wird.

Die göttliche Führung der Menschheit bedient sich der großen Eingeweihten, die mit ihr in Verbindung treten können, um durch sie die kulturellen und sonstigen Bedingungen auf der Erde so zu gestalten, daß die jeweils anstehende Stufe der religiösen Entwicklung möglich gemacht wird.

In der Zeit der Vorbereitung müssen die göttlichen Wesen und die Eingeweihten die Gestaltung der Religion und der Religionen selber in die Hand nehmen, weil der einzelne Mensch erst durch sie reif und fähig dazu gemacht wird, immer wesenhafter die Fülle der Zeit hervorzubringen dadurch, daß Religion immer weniger das Befolgen von Anweisungen von außen ist und immer mehr ein eigenes und freiheitliches Herrschen dessen, was im Menschen selbst an Entwicklungspotential liegt. Der Mensch wird auf diese Weise für den Menschen zur Religion aller Zukunft.

Die Vereinigung der zwei Strömungen in Jesus von Nazareth

In Jesus von Nazareth werden an der Zeitenwende die Buddha- und die Zarathustra-Strömungen eins. In ihm werden wesenhaft, geistig-real alle Kräfte vereinigt, welche durch die verschiedenen Religionen im Menschen erweckt wurden. Dies wird angedeutet im Lukas-Evangelium dadurch, daß die Eltern ihren zwölfjährigen Knaben, der die Schriftgelehrten im Tempel belehrt, nicht wieder erkennen. Er ist in der Tat ein ganz anderer geworden.

Im lukanischen Jesusknaben waren alle Kräfte der paradiesischen Unschuld der Menschen verkörpert. Mit diesen Kräften verbindet sich und wird mit ihnen eins die andere geistige Strömung, die zunächst zwölf Jahre lang sich getrennt entwickeln mußte. Das Neue, was da zutage trat und was die Eltern nur äußerst überraschen konnte, war, daß dieses Kind jetzt eine hohe Intelligenz zeigte, indem es den Schriftgelehrten Rede und Antwort stand. Diese Tatsache deutet darauf hin, das die Zarathustra-Individualität, das Ich des Zarathustra, sich jetzt mit dem lukanischen Knaben verbunden hatte. In Jesus von Nazareth waren jetzt die zwei großen Religionsströmungen der nachatlantischen Zeit real vereinigt, die Buddha-Strömung und die Zarathustra-Strömung.

Dieser Mensch – Jesus von Nazareth – kann im realsten Sinne als die wesenhaft gewordene Synthese aller Religionen der Menschheit betrachtet werden. In ihm wird die ganze Sehnsucht der Menschheit nach Rückverbindung mit dem Geistigen – nach Erlösung – in allen ihren Erfahrungswerten nochmals durchlebt.

Ich habe vorhin die Frage gestellt: Wie entwickelt sich der Buddha weiter, nachdem er im sechsten Jahrhundert vor Christus durch seinen Tod in die geistige Welt gegangen ist? Wir können jetzt die Buddha-Strömung weiterverfolgen, indem wir die nachchristliche Entwicklung des Buddha ins Auge fassen. Sein ganzes Leben und seine Lehre konnten damals in den vier großen Wahrheiten zusammengefaßt werden, die er nach seiner Erleuchtung verkündet hat. Es sind die vier bekannten Wahrheiten des Buddhismus.

Die *erste* Wahrheit besagt, daß das Leben Leiden ist, daß alles Leben Leiden ist: Geburt ist Leiden, Krankwerden ist Leiden, Altwerden ist Leiden, Sterben ist Leiden. Die *zweite* große Wahrheit besagt, daß der Ursprung, die Ursache des Leidens der Durst nach Dasein ist, die Begierde nach irdischer Verkörperung, die den Menschen dazu bringt, sich immer wieder mit der Materie zu verbinden. Die *dritte* große Wahrheit bezieht sich auf die notwendige Erlösung vom Leiden, die dadurch erreicht wird, daß der Mensch die Begierde, den Durst nach Dasein auslöscht und befähigt wird, sich nicht mehr zu inkarnieren. Die *vierte* große Wahrheit ist der Weg, die Art und Weise, wie der Mensch dazu kommt, sich so zu läutern, jede Begierde nach der Materie in sich so abzustreifen, daß er alles Leiden überwindet und sich nicht mehr zu inkarnieren braucht.

Dieser Weg, der Pfad der Abschaffung des Durstes nach Dasein, ist der schon erwähnte *achtgliedrige Pfad*. Er besteht aus acht Grundübungen, die der Mensch stetig machen muß, um den Durst nach Dasein zu überwinden. Mit diesem Bewußtsein und mit dieser Grundgesinnung geht der Buddha in den Tod hinein, denn diese Lehre ist der Inhalt seiner Erleuchtung, die er im neunundzwanzigsten Lebensjahr vor seinem Tode erlangt hat. Unsere Frage ist jetzt: wie entwickelt sich der Buddha weiter?

Buddha an der Zeitenwende

Seine weitere Entwicklung kann man nur durch geistige, übersinnliche Wahrnehmung verfolgen. Rudolf Steiner schildert, daß es möglich ist, dem Buddha etwa fünf Jahrhunderte später zu begegnen, an der Zeitenwende, wo er sich verbindet mit dem Christus-Träger Jesus von Nazareth.

Im Lukas-Evangelium ist die Rede davon, daß eine Engelschar den Hirten auf den Feldern erscheint, um zu verkünden, daß der Heiland geboren ist. Diese Engelschar ist eine reale Imagination des Nirmanakaja des Buddha, des «Leibes der Vollendung» des Buddha. Es erscheint den Hirten auf dem Felde übersinnlich, geistig-real der Buddha selbst, der sich weiter entwickelt hat und jetzt dabei ist, alle seine Kräfte real einmünden zu lassen in das Christus-Ereignis.

Es ist dann die Rede vom alten *Simeon*, der das

kleine Kind in seine Arme nimmt und dankbar ist, daß das Heil der Welt jetzt gekommen ist. Dieser Simeon wird von Rudolf Steiner als die Reinkarnation von *Asita* dargestellt, der auch ein alter Mensch zur Zeit des Buddha im sechsten Jahrhundert vor Christus war und der damals seine Traurigkeit ausgedrückt hatte, weil er das Heil der Welt noch nicht sehen durfte. Dieselbe Individualität kann in dieser Inkarnation getrost sterben und in die geistige Welt gehen, weil seine Augen das Heil der Menschheit gesehen haben. Auch die Predigt des Johannes des Täufers im Lukas-Evangelium trägt einen durch und durch buddhistischen Geist in sich.

Auf diese real-geistige Weise wird durch göttliche Führung die Einheit der Religion vollzogen. Der Buddha läßt seine realen Kräfte hineinfließen in die Wesenheit des Jesus von Nazareth.

Buddha und die Essäer: die Illusion der Sonderung

Später, als Jesus von Nazareth sechs Jahre lang, von seinem vierundzwanzigsten bis zu seinem dreißigsten Lebensjahr, intensiven Umgang pflegt mit den Essäern der damaligen Zeit, wird er konfrontiert mit dem Niederschlag der buddhistischen Gesinnung in der Menschheit.

Die damaligen *Essäer*, so wie auch die *Therapeuten* in Ägypten, lebten in Palästina wie buddhistische Mönche in dem Sinne, daß dasjenige, was der Buddha im sechsten Jahrhundert vor Christus gepredigt hatte, von ihnen in höchstem Maße durch ein asketisches Leben und durch die strengen Regeln des Ordens ausgeübt wurde.

In diesen Jahren, da Jesus von Nazareth auch den Buddhismus, so wie er lebt zu seiner Zeit bei den asketischen Essäern, in sich aufnehmen muß, hat er einmal eine übersinnliche Vision, in der ihm der Buddha selbst erscheint. Dieser sagt ihm, daß er jetzt imstande ist, zu sehen, welcher Irrtum in seiner damaligen Lehre enthalten war.

Buddha sagt dem Jesus von Nazareth, daß der Irrtum seiner Lehre darin bestand, daß er von den Menschen verlangt hatte, sie sollten alle zu buddhistischen Mönchen werden. Wenn das aber geschehen würde, wenn zum Beispiel geschlechtliche Enthaltsamkeit von allen geübt würde, würde das Menschengeschlecht in kurzer Zeit aussterben. Das bedeutet aber, daß seine Religion und seine Lehre nicht verwirklicht werden können.

Durch dieses Gespräch mit dem übersinnlichen Buddha lernt Jesus von Nazareth etwas ganz wichtiges, was in der Entwicklung der Religion und für die religiöse Gesinnung in der Menschheit entscheidend ist. Er lernt, daß diese Essäer zwar sehr gute persönliche Intentionen gehabt haben können, indem sie durch asketische Absonderung von der übrigen Menschheit eine reale Verbindung mit der geistigen Welt angestrebt haben, daß aber etwas fehlte. Was da fehlte, war das Bewußtsein der Tatsache, daß die Menschheit eine

Einheit ist, daß alle Menschen Glieder voneinander sind und daß es im objektiven Sinne unmöglich ist, daß ein einzelner Mensch sich rettet und erlöst wird ohne Erlösung aller Menschen. Es fehlte in dieser buddhistischen Gesinnung – und darin bestand der vorbereitende, noch vorchristliche Charakter dieser Strömung – ein Bewußtsein davon, daß die ganze Menschheit ein einziger Organismus ist. Kein Glied der Menschheit kann sich retten, ohne bestrebt zu sein, *alle* Menschen mit zu erlösen.

Jesus von Nazareth machte die bestürzende Erfahrung, daß auch im Essäertum unendlich viel an egoistischer Illusion enthalten war. Diese Menschen waren bestrebt, auf persönliche und so doch egoistische Weise selbst in die geistige Welt zu gelangen – ohne das Heil der anderen zu beachten. Es ist die Illusion der Sonderung von der übrigen Menschheit, die nicht erkennt, daß die weitere Entwicklung gerade darin besteht, daß die Sonderung, die durch den Sündenfall entstanden ist, überwunden werden muß durch die geistig-reale Einswerdung aller Menschen.

Diese Illusion gesteht der Buddha dem Jesus von Nazareth als die eigene. Dadurch sagt er dem Jesus von Nazareth, daß er sich nach seinem Tode weiter entwickelt hat in der geistigen Welt, gerade dank der Tatsache, daß er diese schwerwiegende Illusion durchschaut hat. Für Jesus von Nazareth, der die wesenhaft gewordene Sehnsucht der *ganzen* Menschheit nach Erlösung ist, wird dieses Gespräch zu einer entscheidenden Wende. Es findet ja kurz vor der Taufe im Jordan statt.

Die innere Wende besteht für ihn in der Bewußtwerdung der Grundillusion der Sonderung und des Egoismus gerade dadurch, daß er von Buddha selbst lernt, daß man nur wahrhaft Mensch sein kann, indem man die Liebe zu allen Menschen in sich trägt und daß kein Mensch in der Sonderung, in der Trennung von den anderen Menschen gerettet werden kann.

Dieses Menschheitliche, dieses Universelle, das jetzt in dem Jesus von Nazareth ganz zum Bewußtsein kommt, auch dank der Hilfe des Buddha, ist die letzte Vorbereitung, die den Jesus von Nazareth dazu befähigt, sich zur Menschheitsschale zu machen, die dem Christus entgegengebracht wird. Es ist die Menschheitsschale des wahren Mitleids und der wahren Liebe, die Buddha herbeigesehnt hatte und die erst jetzt zur realen Wirklichkeit in Jesus geworden ist, weil sie *alle* Kreatur umfaßt.

Das Entstehen eines *Menschen*, der in sich alle Religionen der Menschen verwirklicht durch universelle Liebe, war die Vollendung aller religiösen Vorbereitung für das Kommen des *göttlichen* Wesens der Liebe in die Menschheit. Jesus trug dem Christus entgegen die ganze Menschheit durch die Kräfte des *Mit-Leidens* wegen des Sündenfalls und der Sonderung, in der Sehnsucht nach Erlösung. Christus trug der Menschheit entgegen alle Kräfte der *Liebe*, die alle Sonderungen rückgängig machen durch das Zusammenführen aller Menschen.

Wir können die weitere nachchristliche Entwicklung des Buddha in großen Zügen verfolgen. Es gibt eine christliche mittelalterliche Legende, die Legende von *Barlaam und Josaphat,* die erzählt, wie der christliche Barlaam den indischen Prinzen Josaphat – der Name ist eine Abwandlung von *Bodasat*, von *Bodhisattva* – zum Christentum bekehrt. Diese Legende geht zurück auf einen Johannes von Damaskus und wird auch in der «Legenda Aurea» angeführt. Rudolf Steiner bezieht sich mehrmals auf diese mittelalterliche Legende, um zu zeigen, daß hier in Form von Bildern etwas ganz Reales erzählt wird, nämlich die wichtige Tatsache, daß der Buddha in der geistigen Welt nach seinem Tode sich mit der christlichen Strömung verbunden hat.

Im Mittelalter war, wenigstens bei einigen Menschen, ein Bewußtsein vorhanden von der Art und Weise, wie die Vereinigung der Religionen real geschieht: durch die Entwicklung der Menschen und der geistigen Wesenheiten selbst. Der Buddhismus wird durch den lebendigen Buddha selbst so weitergeführt, daß er geistig-real hineinströmt in das Christentum. Dabei müssen wir immer unterschieden zwischen dem Christentum als mystische, geistige Tatsache und der jeweils vorläufigen kulturellen Ausprägung des Christentums in der menschlichen Kultur und religiösen Praxis.

Diese wunderbare Legende will sagen: Der lebendige Buddha ist von der geistigen Welt aus am Wirken des Christus-Impulses in der Zeit nach Christus beteiligt. Buddha ist «bekehrt» worden zum Christentum: er hat sich davon überzeugt, daß durch die Menschwerdung des Sonnenwesens nicht eine neue Religion neben anderen begründet wurde, sondern, daß diese Tatsache die Erfüllung aller Religionen darstellt.

Die verschiedenen Religionen der Menschheit werden vereinigt im Laufe der Zeit durch die Religionsstifter selbst. Dasjenige, was sie zunächst im nacheinander in verschiedenen Völker hervorgerufen haben, bringen sie zur Einheit durch ihre eigene Weiterentwicklung.

Buddha «auf dem Mars» und Franz von Assisi

Rudolf Steiner spricht davon, daß Christian Rosenkreutz, der für die Entwicklung des esoterischen Christentums maßgebend gewesen ist, am Anfang des siebzehnten Jahrhunderts dem Buddha die Aufgabe gab, in der Mars-Region übersinnlich zu wirken. Da fängt die Zeit an, wo das Kriegerische, das Aggressive in der Menschheit immer mehr zunimmt, weil die Menschheit immer materialistischer wird, immer tiefer in den Bereich hinuntersinkt, wo das Gesetz des Gegeneinander herrscht. Im Bereich des Materiellen erleben die Menschen immer mehr Egoismus, Konkurrenz und Gegnerschaft.

Um dem abzuhelfen, wurde der große Lehrer von Liebe und Mitleid, die übersinnliche Wesenheit des

Buddha, von Christian Rosenkreutz gebeten, sich auf die Mars-Sphäre zu begeben, so daß die Menschen, die sich anschicken, zurückzukehren zur erneuten Verkörperung, beim Durchgehen der Mars-Sphäre ihre Aggressivität abgemildert und besänftigt bekommen. So haben wir, nach Rudolf Steiner, ab dem siebzehnten Jahrhundert in der Mars-Sphäre, um das Kriegerische und das Kämpferische des Egoismus abzumildern, ein kosmisches Opfer des Buddha als Imitation des Liebesopfers des Christus-Wesens.

Jeder Mensch, der die Mars-Sphäre auf dem Wege zur neuen Inkarnation durchläuft, empfängt von dem Buddha Kräfte des Mitleides und der Liebe, um das Kriegerische durch Sanftmut und Liebe in sich zu überwinden. Buddha hilft jedem Menschen, das Aggressive in Liebe und Wohlwollen zu verwandeln.

Eng verbunden mit der Budddha-Strömung ist zum Beispiel die Entwicklung von *Franz von Assisi*. Rudolf Steiner schildert, wie Franz von Assisi, vor seiner Franz-von-Assisi-Inkarnitation, eine buddhistische Verkörperung in einer Mysterienschule am Kolchischen Meer durchgemacht hat. Die kolchischen Mysterien waren vom Geiste des Buddhismus geprägt. Da gab es eine zweiteilige Einweihung. Die erste Stufe war mehr die buddhistische, die allen Schülern zugänglich war. Da wurde die Lehre des Mitleides und der Liebe ins Zentrum gestellt. Die höhere Stufe bestand dann in der realen Begegnung mit dem Sonnenwesen in der geistigen Welt.

Franz von Assisi, der beide Stufen durchgemacht

hatte, trug in sich die reale Vereinigung von Buddhismus und Christentum. Man kann die universelle Liebe des Franz von Assisi als etwas Buddhistisches ansehen, aber zugleich als ein tief Christliches. Die Erscheinung des Franz von Assisi kann man eigentlich nur verstehen, wenn man seine reale Entwicklung in seiner vorigen Inkarnation mitverfolgt und weiß, auf welche Weise der Buddha selbst beteiligt war an dieser Entwicklung

Anhand dieses Beispiels sehen wir, daß man nicht sagen kann, daß irgendeine Religion wahr und eine andere falsch ist, sondern daß es immer darum geht, den real-geistigen und positiven Beitrag jeder einzelnen Religion für die Entwicklung des Menschen zu erkennen.

Die vorchristliche Ich-Erfahrung: Buddhismus, Griechentum, Hebräertum

Eine wichtige Frage, die uns beschäftigen soll, bevor wir auf die Religion des Judentums zu sprechen kommen, ist die *Frage des Ich* und des Ich-Bewußtseins vor Christus. Sie ist verbunden mit der anderen Frage: Auf welche Weise bringt das Christus-Wesen die Kulmination und die Endgültigkeit der Ich-Kräfte in die Menschheit?

Eine Betrachtung der Entwicklung des Ich-Bewußtseins in der vorchristlichen Menschheit bildet den besten Übergang zu einer Betrachtung des Judentums, weil es im Judentum ganz besonders um die Entwicklung des Ich geht.

Im fünften Vortrag des Zyklus «Von Jesus zu Christus» faßt Rudolf Steiner die Bewußtseinslage der Menschheit, so wie sie einige Jahrhunderte vor Christus war, im Hinblick auf die Ich-Kräfte zusammen. Er zieht drei Grundströmungen in Betracht, die repräsentativ waren für die ganze damalige Menschheit.

Die erste Strömung, die in Frage kommt, ist das *Heidentum*, repräsentiert durch das Griechentum; die zweite ist das *Judentum*, das alte Hebräertum, und die dritte der *Buddhismus*. Anhand dieser drei Grundimpulse der Menschheit führt Rudolf Steiner aus, wie das Bewußtsein des Ich in der Menschheit kurz vor Christus beschaffen war. Diese Betrachtung gibt uns zugleich die Möglichkeit zu verstehen, wie die religiöse Lage der Menschheit damals war. Gerade die Beziehung zum Ich zeigt uns am klarsten die Notwendigkeit der Erlösung der Menschheit als göttliche Antwort auf die religiöse Sehnsucht der Menschheit.

Nagasena zu Milinda: Das Ich ist Illusion…

Die Grundaussage des *Buddhismus* über das Ich besteht – wenn wir die ursprüngliche Lehre des Buddha in Betracht ziehen – darin, daß das Ich eine große Illusion ist. Wenn vom Buddhismus vor Christus die Rede ist, ist nicht alles dasjenige gemeint, was erst später in den Buddhismus hineingebracht wurde. Viele Menschen kennen heute den Buddhismus nur so, wie er erst im Laufe der letzten zweitausend Jahre geworden ist.

Das erklärt die Tatsache, daß viele Menschen heute sich dagegen wehren würden, wenn gesagt wird, daß im Buddhismus das Ich als höchste Illusion gilt. Was hier gemeint ist, ist dasjenige, was Buddha in seinem Leben im sechsten Jahrhundert vor Christus gelehrt hat, und nicht dasjenige, was in den Buddhismus in späteren Zeiten dadurch hineingekommen ist, daß die Menschen auch in der buddhistischen Kultur durch die Teilhabe an der allgemeinen Menschheitsentwicklung immer deutlicher die Erfahrung der Wirklichkeit des Ich gemacht haben.

Der Buddha selbst stellt das Ich im sechsten Jahrhundert vor Christus als Illusion dar. Im berühmten Gespräch zwischen dem König Milinda und dem Weisen Nagasena versucht dieser dem König nachzuweisen, in welchem Sinne das Ich eine Illusion und keine Wirklichkeit ist. Er nimmt das Beispiel des Wagens. Er sagt dem König: Womit bis du hierher gekommen? Mit dem Wagen, sagt der König. Und sage mir, erwidert Nagsena, was ist am Wagen real und wirklich? Die Räder sind real, die Deichsel ist real, der Kasten ist real, alle Teile, die du aufzählen kannst, das ist das Reale.

Daß zu den Teilen noch eine andere Wirklichkeit hinzukommt dadurch, daß du alle diese Teile in dem Wort «Wagen» zusammenfaßt, davon kann keine Rede sein. Es kommt keine neue Wirklichkeit hinzu. Wenn du alle Teile hast, dann hast du das Ganze, dann hast du alles. Und wenn du das Wort «Wagen» sagst, meinst du damit keine neue Wirklichkeit, das heißt überhaupt keine Wirklichkeit, denn das Wirkliche sind ja nur die einzelnen Teile. Du willst sie aus verständlicher Bequemlichkeit nicht jedesmal vollständig aufzählen, und deswegen hast du ein Sammelwort erfunden, das Wort «Wagen». Aber diesem Wort entspricht nichts Reales, weil das Reale eben nur die Teile sind.

So werden auch andere Beispiele gebraucht, um zu beweisen, daß auch dem sogenannten «Ich», diesem zusammenfassenden Wort, keine Wirklichkeit entspricht. Man könnte die Frage stellen, ob es überhaupt möglich ist, das Gegenteil zu «beweisen», das heißt zu beweisen, daß das Ich eine Wirklichkeit ist, daß das Ich etwas Reales ist.

Wir haben schon früher erwähnt, daß nur dasjenige als real «bewiesen» werden kann, was real erfahren wird. Der Beweis, daß Bäume existieren, hat nur dann einen Sinn, wenn die Erfahrung der Wirklichkeit der Bäume gemacht worden ist. Was will also Buddha sagen mit seinem «Beweis», daß das Ich eine Illusion ist? Was eigentlich «bewiesen» wird, ist die Tatsache, daß beim Buddha selbst – wie beim Durchschnittsmenschen der damaligen Zeit im Osten – eine wesenhafte Erfahrung des Ich noch nicht vorhanden war. In diesem Sinne können wir sagen, das der Beweis des Weisen Negasena dem König Milinda gegenüber auch «stimmt».

Wenn wir es mit Menschen zu tun haben, die noch kaum imstande sind, Ichhaftigkeit als geistige Wesenhaftigkeit, als reale Wirklichkeit zu erfahren, dann will der Beweis nur auf die Tatsache «hinweisen», daß der betreffende Mensch sich noch nicht als Ich erlebt. In diesem Sinne ist die ursprüngliche Lehre des Buddha im sechsten Jahrhundert vor Christus «wahr», weil sie der reale Beweis der Tatsache ist, daß in der damaligen religiösen Erfahrung des östlichen Menschen gerade dasjenige noch fehlte, was allmählich die ganze Entwicklung überhaupt entstehen lassen will: die wesenhafte Ich-Erfahrung.

Wo das Ich nicht als theoretische Abstraktion bewiesen, sondern als reale geistige Wesenheit in die bewußte Erfahrung des Menschen hereingebracht wird, da bedeutet das Wort «Ich» – wir können an Fichte denken – die wesenhafteste und ursächlichste Wirklichkeit, die es überhaupt gibt. Zusammenfassend können wir sagen: Im vorchristlichen Wirken und Lehren des Buddha fehlte noch die Erfahrung der Wirklichkeit des Ich im Menschen. Es war auch nicht die Aufgabe der vorchristlichen Religionen, die vollgültige Erfahrung des Ich in die Menschheit zu bringen, sondern sie erst vorzubereiten.

Achilleus zu Odysseus: Besser ein Bettler auf Erden…

Gehen wir über zum *Griechentum*. Wir brauchen nur an Persönlichkeiten wie Perikles, Phidias, Sokrates, Platon oder Aristoteles zu denken: da fängt der Mensch schon an, sich als eine in sich abgeschlossene Persönlichkeit zu erleben. Er erlebt sich als ein selbständiger Urquell von Kräften, nicht nur als ein Durchgangsort vom göttlichen Wirken. Da wird mit dem Begriff des Ich schon eine reale Erfahrung verbunden. Da fängt der Mensch schon deutlich an, sich als abgesondertes und einheitliches Ich zu erleben.

Nur haben wir im Griechentum etwas anderes, und zwar die Tatsache, daß der Grieche die Ich-Erfahrung, das Sich-Erleben als eine in sich abgeschlossene Persönlichkeit, der *physischen Leiblichkeit* verdankt. Es ist ein tiefes Wort über die griechische Kultur dasjenige, was Achilleus dem Odysseus sagt im elften Gesang der «Odyssee». Odysseus ist in die Unterwelt hinuntergestiegen und versucht den verstorbenen Achilleus zu trösten dadurch, daß er ihm sagt: sein Ruhm werde unvergänglich bleiben in der Erinnerung der Menschen. Davon will aber Achilleus nichts wissen und antwortet mit dem Satz, den Rudolf Steiner oft zitiert hat: Besser wäre es, ein Diener eines Nichtsbesitzenden auf der Erde zu sein (im Besitz der irdischen Leiblichkeit) als ein König im Reich der Schatten.

Für den Griechen war es eine tragische Tatsache: durch das Ablegen der Leiblichkeit wird seine Ichhaftigkeit, seine Selbsterfahrung als eine in sich abgeschlossene Persönlichkeit, derart in Frage gestellt, daß er sich nicht mehr als Vollmensch erleben kann, sondern nur noch als einen Schatten von einem Menschen. Das war auch in der Tat so. Es war nicht nur etwas, was der Grieche sich einbildete, sondern es war eine Wirklichkeit. Die Verstorbenen lebten in einem herabgedämpften Bewußtsein.

Diese Schattenhaftigkeit des Bewußtseins des damaligen Menschen nach dem Tode ist eine Dimension der «Hölle», der Dunkelheit, in die hinein der Christus in seiner «Höllenfahrt» drang, um Helligkeit dort hineinzubringen, um zu ermöglichen, daß der Mensch auch ohne Leiblichkeit sich ganz durchhellt erlebt in seinem Ich.

Tatsache bleibt, daß für den Griechen in den letzten Jahrhunderten vor Christus das Sicherfahren als Ich so leibbedingt, so sehr der Leiblichkeit zu verdanken war, daß die Selbsterfahrung als Ich wesentlich dadurch in Frage gestellt wurde, daß jeder Mensch doch dazu bestimmt ist, seine Leiblichkeit zu verlassen.

Nur so können wir verstehen, welche ungeheure Tragik, welches gewaltige Bewußtseinsringen der Grieche erlebt hat anhand des Mysteriums des Todes. Nichts war ihm kostbarer, nichts hat der Grieche mehr geschätzt als die physische, leibliche Form. Diese Form hat er so verherrlicht in seinen Kunstwerden, daß er allen Göttern die menschliche Gestalt geliehen hat. Zugleich mußte er sich sagen: Gerade dieses, was das Kostbarste ist, dem der Mensch das Höchste verdankt, weil er dadurch sich als Ich in seiner Vollmenschlichkeit erlebt, gerade dieses muß der Mensch durch den Tod ablegen...

So sehen wir in der beginnenden Erfahrung des Ich in der griechischen Kultur die große *Frage des Todes* auftauchen im Bewußtsein der Menschheit als Vorbereitung für das Mysterium des Todes und der Auferstehung Christi. Der Grieche wußte vom Tod, aber es waren noch nicht die Kräfte vorhanden, um durch den Tod so hindurchzugehen, daß der Mensch als Sieger da hindurch kommt und eine volle Auferstehung, eine volle Ichhaftigkeit im rein geistigen Zustand erlebt. Es blieb zunächst dabei, daß der Mensch eine wesentliche Verdunkelung des Bewußtseins durch das Ablegen der Leiblichkeit erleben mußte.

Was die griechische Religion bezüglich der Erfahrung und der Wirklichkeit des Ich angeht, können wir sagen: Es gibt eine reale, wenn auch anfängliche Erfahrung des Ich von Seiten des Menschen. Dies ist ein wesentlicher Schritt nach vorne – verglichen mit dem Buddhismus. Der Grieche könnte unmöglich sagen, daß das Ich die höchste Illusion sei. Er würde sogar sagen, daß dieses Sich-Erleben als eine in sich abgeschlossene Persönlichkeit das Kostbarste ist für den Menschen. Aber die große Tragik besteht für ihn darin, daß dieses der Leiblichkeit zu verdanken ist und durch den Tod völlig in Frage gestellt wird.

Hiobs Frau zu Hiob: Sag' Jahve ab und stirb...

Gehen wir hinüber zum *Judentum*. Da haben wir noch etwa ganz anderes. Auch hier entsteht eine reale Erfahrung und ein Bewußtsein des Ich. Die Gottheit des jüdischen Volkes trägt ja sogar den Namen des Ich: «Jahve» bedeutet «Ich bin»; Ich bin derjenige, der war, der ist und der sein wird. Das heißt: Ich bin die Einheit in der Folge der Zeit, Ich bin die Identität des Ich, die sich selbst gleich bleibt in den Metamorphosen, die erfolgen im Laufe der Zeit: «Ehjeh ascher ehjeh».

Im Bereich des Seelischen gibt es nichts, was sich gleich bleibt. Alle Zustände ändern sich da fortwährend. Aber durch die Jahve-Kräfte entsteht im hebräischen Menschen die Fähigkeit, sich als Identität, als mit sich identisch bleibende Wesenheit zu erleben. In der unendlichen Veränderbarkeit der Seele wird dasjenige erlebt, was sich gleichbleibt, und das ist das Ich. Ich bin derselbe, der ich gestern war, ich bin derselbe, der ich heute bin, ich bin derselbe, der ich morgen sein werde.

Dieses Sich-selbst-identisch-Bleiben in der Veränderung im Laufe der Zeit ist das Wesen der Erfahrung des Ich, die in den semitischen Völkern, aber ganz urbildhaft im Judentum sich ankündigt. Die Erfahrung des Ich ist in der Menschheit der Ursprung des *Monotheismus*. Denn Monotheismus entsteht, wo der Mensch anfängt, sich als Einheit in der Vielheit zu erleben.

Wo noch keine Ich-Erfahrung vorhanden ist, erlebt sich der Mensch nur als Vielheit, als eine Vielfalt von Kräften, die vielleicht außerhalb von ihm synthetisiert werden zur Einheit, vielleicht im Bewußtsein einer göttlichen Wesenheit, ohne daß der Mensch selbst ein Bewußtsein davon hat.

Wo die Gottheit monotheistisch aufgefaßt wird, entsteht die monotheistische Selbsterfahrung des Menschen. Aber umgekehrt kann man auch sagen: wo die «monotheistische», ichhafte Selbsterfahrung des Menschen entsteht, da wird auch die Gottheit monotheistisch aufgefaßt. Beides gehört zusammen. Da fängt der Mensch an, sich als Einheit zu erleben, als eine einheitliche Instanz, die auf sich selbst die Vielfalt der inneren Impulse zurückführt und sie sich selbst zuschreibt und verantwortet.

Obwohl im Judentum durch den Impuls des Jahve noch eindeutiger als im Griechentum die Erfahrung des Ich entsteht, ist diese Erfahrung des Ich auch dort in dem Sinne noch nicht rein geistig, daß sie einem Zweifachen zu verdanken ist, was nicht ein rein Geistiges, sondern ein Leibliches und ein Seelisches ist.

Es ist einem Leiblichen zu verdanken, weil Jahve als Gottheit des Ich im Blute webt und west, das durch die Generationen rinnt. Nur dadurch, daß der Jude eingebettet ist mit seiner Leiblichkeit in diesem Blutstrom des Jahve, nur dadurch, daß er durch die Leiblichkeit beteiligt ist an den Jahve-Kräften, die durch das Blut pulsieren, kann er überhaupt geschult werden in den Mysterien des Ich. Das ist die leibliche Seite.

Das Seelische besteht darin, daß Ichhaftigkeit durch das Gesetz des Moses dem Menschen zunächst geboten wird. Sie ist noch nicht individuell geworden. Die Kräfte des Ich entstehen zunächst anhand der Zehn Gebote durch die Erfüllung des Gesetzes des ganzen Volkes, wo der Mensch noch im Gruppenseelenhaften lebt.

Jedes Mitglied des jüdischen Volkes ist eingebettet in den Kräften des physischen Blutes und der seelischen Erfahrung des Gesetzes, welches das Gesetz der

Ich-Werdung ist. Seine Ich-Erfahrung verdankt er ganz dem Jahve und kaum noch sich selbst. So sagt Hiobs Frau zu ihrem Mann – auf dieses Wort werden wir noch zurückkommen –: Sag' dem Jahve ab, und stirb… Wenn du dich von dem sonderst, was Jahve in dir bewirkt, bleibt von dir nichts übrig, und du wirst aufhören zu leiden.

Die Entwicklung des Ich-Bewußtseins in der Menschheit in diesen drei kulturellen und religiösen Strömungen ist repräsentativ für die ganze Menschheit. Im Buddhismus war noch keine Erfahrung des Ich: Im fernen Osten, in der östlichen Religion war noch keine Erfahrung des Ich möglich. Im Griechentum und im Judentum war eine anfängliche Erfahrung des Ich da als Vorbereitung für die Wende der Zeiten. Aber diese Erfahrung des Ich war in dem Sinne zunächst nur anfänglich, daß sie noch nicht rein geistig und individuell war. Um voll zu werden, um fortzubestehen auch nach dem Tode, muß sie ganz unabhängig von der Leiblichkeit werden.

Diese anfängliche Ich-Erfahrung war den Kräften des Leibes und den Kräften der Seele zu verdanken, in denen die Gottheit, aber nicht der Mensch wirkt. Sie war eben noch eine gottgegebene, naturgetragene Erfahrung des Ich. Sie war noch leibbedingt und gruppenseelenhaft.

Gerade diese Bewußtseinslage der Menschheit zeigt uns, wie das Mysterium des Ich den Brennpunkt der religiösen Entwicklung der Menschheit darstellt. Die Religion der ganzen Menschheit tendiert dahin, die

Vollgültigkeit der Erfahrung des Ich, der geistigen Erfahrung der menschlichen Individualität zu erringen.

IV.
Die Mission des Judentums

In der Entwicklung der Menschheit vor der Zeitenwende gibt es ein besonderes Volk mit einer besonderen Mission: es ist das jüdische, das althebräische Volk. Die Mission dieses Volkes ist dokumentiert im Alten Testament, in einem Text, der eine entscheidende Rolle gespielt hat in der Geschichte der Menschheit, auch in der bisherigen Geschichte des Christentums, weil die christliche Bibel nicht nur aus dem Neuen, sondern auch aus dem Alten Testament besteht.

Dem Judentum gebührt eine Sonderstellung in der Reihe der Religionen vor Christus. Das erste was wir sagen können über die besondere Mission des Judentums, ist die Tatsache, daß in diesem Volk, im jüdischen Volk zum erstenmal in der Menschheit ein *moralisches* Bewußtsein einerseits und ein Bewußtsein der *geschichtlichen* Entwicklung anderseits überhaupt entstanden ist.

Durch das Entstehen eines Bewußtseins des Moralischen und des Historischen kann das Judentum als Polarität betrachtet werden zu allem anderen, was damals, besonders in den letzten Jahrhunderten vor Christus, in der Menschheit vorhanden war.

Überall außerhalb des Judentums – im Heidentum und in allen östlichen Religionen – gab es noch kein moralisches und kein historischen Bewußtsein; das Weltgeschehen wurde mehr zyklisch, mehr wie eine ewige Wiederholung des Gleichen durch das Wirken der Gottheit und der Natur gesehen. Das Urphänomen für das Weltgeschehen wurde gesehen im Pflanzendasein, wo die alte Pflanze in sich das Samenkorn für die neue enthält und wo die neue Pflanze mit denselben Gesetzmäßigkeiten dasselbe wiederholt, was in der alten geschehen war.

Wiederholung des Gleichen und fortschreitende Entwicklung

Das Weltgeschehen in der Natur und im Menschen wurde überall, nicht aber im Judentum, als kreisförmig angesehen. Eine ewige Wiederkehr des Gleichen in allen – auch menschlichen – Phänomenen wurde angenommen, wo es keinen Platz gibt für irgendwelche «Fortschritte», für das Neue oder für «Schöpfungen aus dem Nichts», die Freiheit voraussetzen. Jeder Kreislauf, der zu Ende kommt, wiederholt sich im neuen Zyklus auf ganz gleiche Weise. Das Ganze fängt einfach nochmals von vorne wieder an, ohne daß etwas wesentlich Neues dazukommt.

Ganz anders in der Entwicklung des althebräischen Volkes. Da entsteht zum erstenmal durch das Wirken der Volksgottheit, die Jahve genannt wird, ein Bewußtsein der Geschichte und ein Bewußtsein der moralischen Entwicklung des Menschen in dieser Geschichte. Es werden fortschreitende Stufen in der Entwicklung voneinander unterschieden. Der Mensch wird zunehmend dazu von der Gottheit aufgefordert, bewußt und verantwortungsvoll an der linearen Gesamtentwicklung von Mensch und Erde teilzuhaben.

Er wird dazu berufen, immer klarer zu verstehen, welche Verantwortung ihm in dieser Gesamtentwicklung erwächst. Dies setzt voraus, daß der Mensch die Fähigkeit allmählich erlangen muß, sich bewußt zu machen, worin die Entwicklung und ihr Sinn und Ziel überhaupt besteht.

Auf diese Weise wird der Mensch auch zurechnungsfähig im moralischen Sinne. Er lernt, Verantwortung zu tragen für dasjenige, wozu er berufen ist, bewußt mitzugestalten. Das Bewußtsein der moralischen Freiheit des Menschen kündigt sich im althebräischen Volke an durch die Aussage der moralischen Zurechnungsfähigkeit dem Gesetz gegenüber. Es entsteht ein Bewußtsein der Sünde und des Bösen.

Gleich am Anfang des Alten Testamentes, im ersten Buch Mosis, wird die Schöpfung unter dem Gesichtspunkt der Entwicklung in der Zeit dargestellt. Wir sehen sofort, daß wir es mit einer Entwicklungsgeschichte, mit der Erzählung einer *fortschreitenden Entwicklung* zu tun haben. Dieser Entwicklung werden Richtungsziele gesetzt, die kein zyklisches Sichwiederholen des Gleichen zulassen.

Wo der Mensch eingreift, kann Gott «sich ausruhen»

Es ist von vornherein ein Bewußtsein davon vorhanden, daß das Letzte und Höchste, worauf das ganze gerichtet ist, der Mensch selbst ist. Am sechsten Tag wird der Mensch als Kulmination der ganzen Schöpfung geschaffen. Nachdem der Mensch geschaffen ist, im Ruhen des Jahve am siebten Tag, wird angedeutet, daß der Mensch in einem gewissen Sinne dazu berufen ist, das Wirken der Gottheit *fortzuführen.*

Die Gottheit darf sich jetzt «zurücknehmen», was die Dinge angeht, die der Mensch selbst im Laufe der Zeit «übernehmen» wird. Wo es um den Menschen geht, darf die Gottheit nicht mehr einzig und allein weiterhin wirksam sein. So wie es in den ersten Tagen der Schöpfung darum ging, ganz allein als Gottheit zu wirken, so geht es, nachdem am sechsten Tag der Mensch geschaffen worden ist, für die Gottheit gerade umgekehrt darum, sich «auszuruhen», was ja die Bedeutung des Wortes «Sabbat» für den siebten Tag ist.

Der Mensch ist gerade deswegen das vollendete Geschöpf, weil die Gottheit ihm Platz machen darf. Er ist als Ebenbild der Gottheit geschaffen worden, das heißt, er ist dazu fähig, selber auf göttliche Weise schöpferisch zu wirken. Er darf, im Laufe der Zeit, selber ein Wirkungsfeld in Anspruch nehmen und die eigene Entwicklung in Freiheit und Liebe übernehmen.

Die jüdische Kabbala, die alt-hebräische Geheimlehre hat vom «Sim-sum», vom «Fasten» Gottes gesprochen. Jahve «fastet» am siebten Tag. Dieses wunderschöne Bild vom Fasten des Jahve deutet auf dasselbe Mysterium hin: wo es um den Menschen geht, will die Gottheit «fasten», indem sie weiß, daß sie sich zurücknehmen muß. Sie muß verzichten auf das eigene «allmächtige» Wirken, um dem Menschen Platz zu machen, so daß der Mensch die eigene Mitverantwortung und das eigene Mitschöpfertum in das Ganze hineinbringen kann.

Dieses historisch-moralische Bewußtsein, dieses Entwicklungs-Bewußtsein steht im polaren Gegensatz zum Bewußtsein des ewig-zyklisch Sichgleichbleibenden im Osten und auch in der griechischen Religion. Wenn wir zum Beispiel die «Ilias» und die «Odyssee» des Homer in die Hand nehmen, sehen wir, daß der Mensch noch nicht ein moralisches Bewußtsein im eigentlichen Sinne hat. Selbst die Gottheiten sind so, wie sie sind, wie andere Naturbegebenheiten auch. Selbst Zeus handelt auf eine Weise, die wir als moralisch bedenklich ansehen könnten.

Aber diese moralische Sicht der Dinge hatte Homer nicht. Bei ihm sind Götter nicht weniger als alle anderen Dinge der Welt so wie sie sind. Die Denkkategorien des moralisch Guten und Bösen, die erst durch das jüdisch-christliche Bewußtsein entstehen, gab es anderswo noch nicht. Denn das moralisch Gute und das moralisch Böse setzen beim Menschen, wenn auch zunächst noch keimhaft, die Erfahrung der Freiheit voraus.

Die besondere Leiblichkeit Abrahams

Wir wollen jetzt konkret sehen, auf welche Art und Weise und durch welche Entwicklungsstufen dieses historisch-moralische Bewußtsein hervorgerufen wurde.

Der erste große Schritt wurde getan durch die Berufung und die Mission *Abrahams*. Er spielt eine wichtige Rolle für den Übergang vom orientalischen, zyklischen Bewußtsein zum hebräischen, historisch-moralischen Bewußtsein. Das Besondere und völlig Neue bei ihm besteht darin, daß er der erste Mensch ist, dessen *physisches Gehirn* durch das Wirken des Jahve eine ganz besondere Prägung bekommen hatte.

Darin besteht der Anfang des Wirkens Jahves in diesem Volk, daß Abraham der erste Mensch wurde, der das physische Gehirn ganz anders strukturiert bekam als alle Menschen vor ihm. Hier geht es zunächst um Qualitäten der Leiblichkeit als Grundlage für alles dasjenige, was später seelisch und auch geistig im hebräischen Volke daraus erfolgen wird. Bei Abraham wurde zum erstenmal eine Leiblichkeit so gestaltet, daß das physische Gehirn bis in die feinsten Fasern anders ausziseliert wurde als bei anderen Menschen. Abraham wurde der erste Mensch, der ein solches Gehirn besaß, das ihm ermöglichte, wenn auch zunächst anfänglich, aber doch in deutlicher Weise, ein kombinatorisches, diskursives Denken zu erleben.

Das wird in den Überlieferungen auf verschiedene Weise dargestellt: zum Beispiel, wenn gesagt wird, daß Abraham der Gründer der Arithmetik war. Dadurch wird auf die Tatsache hingewiesen, daß die Menschen vor Abraham nicht einmal haben zählen können, denn das Zählenkönnen setzt das diskursiv-denkerische Abschreiten der Dinge nacheinander voraus. Diese Fähigkeit kann nur entstehen durch den Verlust der anderen Fähigkeit, gleichzeitig und in einem überschauenden

Blick alles auf einmal zu erleben. Jetzt, zum ersten Mal, werden Sonderelemente nacheinander erlebt, die zusammengezählt, addiert werden müssen. Dieses Addieren ist die Anfangsbetätigung diskursiven, logischen Denkens.

Das Wort «Manas» ist im Sanskrit das Urwort für das Denkvermögen, lateinisch «mens», deutsch das Wort für den «Menschen» schlechthin. Im Althebräischen heißt manah «zählen». Da haben wir die Tatsache, daß diese manasische Kraft bei Abraham zur Fähigkeit des arithmetischen Zählens wird. Jahve begründet die Mission, die er durch Abraham und sein Volk vollziehen will, durch die Tatsache, daß die leiblich notwendigen Bedingungen für diese Mission geschaffen werden.

Jetzt geht es darum, dem Abraham selbst bewußt zu machen, worin seine Mission besteht. Er muß die Erfahrung machen, daß er das kann, was die Jahve-Gottheit von ihm verlangt und was die anderen um ihn herum nicht können. Das wird durch die Tatsache gezeigt, daß er in der Tat nicht mehr paßt zu seinem alten umliegenden Milieu und daß er Ur in Chaldäa, seine Heimat, verlassen muß. Die chaldäische Kultur ist das Alte, dasjenige, was bis zu dem Auftreten Abrahams das Maßgebende war.

Weil jetzt bei Abraham etwas ganz Neues entsteht, was nicht mehr zum Alten paßt, muß er seine Heimat verlassen und den Zug nach dem Westen vollziehen bis zu Kanaan. Man kann verfolgen, wie die Berufung des althebräischen Volkes sich bewegt zwischen dem chaldäischen und dem ägyptischen hin und her. Es gibt dann später den von Moses beendeten Aufenthalt in Ägypten.

Das Judentum ist zu verstehen wie ein Übergang von der dritten nachatlantischen Kulturperiode – der Kulturperiode der Ägypter und der Chaldäer – zur vierten, zur griechisch-römischen, wo das Christus-Ereignis an der Zeitenwende sich vollzieht. Als Übergang von den Ägyptern und den Chaldäern zu dieser vierten, zentralen Kulturperiode haben wir den Impuls des Judentums.

Immer gehört zur Geschichte des Judentums dieses Herausgenommen werden, dieses Sich-sondern-Müssen, das mit Abraham anfängt. Der Stammvater wird von Chaldäa herausgenommen, später das ganze Volk aus Ägypten, noch später aus der babylonischen Gefangenschaft... Es soll dadurch das Neue, das Kommen des «Messias» vorbereiten.

Moses und die zehn Gesetze-Angebote der Ich-Entwicklung

Eine nächste entscheidende Stufe in der Entwicklung des Judentums wird durch *Moses* erreicht. Die Jahve-Gottheit ist die Gottheit des Ich: «Ich bin derjenige, der war, ist und sein wird.» Sie wirkt dahin, daß immer klarer das Ich-Bewußtsein im Menschen erweckt werde. So wie Abraham aus Chaldäa herausgeführt wurde, so Moses aus Ägypten. So wie bei Abraham eine erste ich-gerichtete *Leiblichkeit* entstand, so durch Moses die *Seele* des Ich: das Gesetz.

Die Moses-Station in der Entwicklung des jüdischen Volkes hat mit dem Seelischen zu tun. Jetzt geht es nicht mehr darum, eine besondere Leiblichkeit zu gestalten, sondern eine besondere Seelenverfassung, welche die Gerichtetheit der Entwicklung auf die Ich-Kräfte, auf die Jahve-Kräfte hin in sich aufnimmt.

Beim Abraham-Impuls hieß das heilige Gebot, daß die Leiblichkeit rein erhalten werden muß, weil Jahve eine Gottheit ist, die im Blut, in den Generationen, wirkt. Er ist der Gott Abrahams, Isaaks und Jakobs. Bei Moses haben wir es mit den Mysterien der Seele zu tun, mit all dem, was der Mensch in seinem Denken, Fühlen und Wollen als Bundesgenosse der Gottheit erleben soll. Jetzt geht es darum, daß der Mensch das mosaische Gesetz richtig versteht, und achtet. Er kann Jahve nur dadurch treu bleiben, daß er das Gesetz beachtet, daß er das Gesetz erfüllt. So wie das leibliche Blut die erste Grundlage darstellt für das Judentum, so wird jetzt die Thora, das Gesetz, durch Moses zur seelischen Grundlage für die Art und Weise, wie der Mensch sich innerlich erlebt.

Hier stellt sich die wichtige Frage: Was ist das Wesen der *Zehn Gebote* des Moses als Zusammenfassung des Gesetzes? Was bedeuten die Zehn Gebote?

Ich denke, daß zu den schönsten Dingen der Geisteswissenschaft dasjenige gehört, was Rudolf Steiner über das Wesen der Zehn Gebote gesagt hat. Seine Grundaussage diesbezüglich ist, daß die Zehn Gebote in Wirklichkeit zehn Angebote für die Ich-Entwicklung des Menschen darstellen. In ihnen wird die zehnfache Gesetzmäßigkeit dargestellt, wodurch Ichhaftigkeit immer wesenhafter erlebt wird, wodurch der Mensch immer mehr die innere Fähigkeit bekommt, sich bewußt zu machen, worin seine Verantwortung für die Entwicklung von Mensch und Erde besteht.

Das erste Gebot (2. Buch Mosis, 20, 2–6) wird von Rudolf Steiner so übersetzt: «Ich bin das ewig Göttliche, das du in dir empfindest. Ich habe dich aus dem Lande Ägypten geführt, wo du nicht Mir in dir folgen konntest. Fortan sollst du andere Götter nicht über Mich stellen. Du sollst nicht als höhere Götter anerkennen, was dir eine Abbildung zeigt von etwas, das oben am Himmel scheint, das aus der Erde heraus oder zwischen Himmel und Erde wirkt. Du sollst nicht anbeten, was von alledem unter dem Göttlichen in dir ist. Denn Ich bin das Ewige in dir, das hineinwirkt in den Leib und daher auf die kommenden Geschlechter wirkt. Ich bin ein fortwirkendes Göttliches. Wenn du Mich nicht in dir erkennst, werde Ich als dein Göttliches verschwinden bei Kindern und Enkeln und Urenkeln, und deren Leib wird veröden. Wenn du Mich in dir erkennst, werde Ich bis ins tausendste Geschlecht als Du fortleben, und die Leiber deines Volkes werden gedeihen» («Geisteswissenschaftliche Menschenkunde», GA 107, Vortrag vom 16.11.1908).

Durch diese Wiedergabe des Urtextes wird ersichtlich, daß die Gebote des Jahve-Gesetzes dahin tendieren, im Menschen die Erfahrung des Ich zu erwecken und zu pflegen. Nur dadurch, daß der Mensch immer ichbewußter wird, daß er sich als selbständige, in sich abgeschlossene Individualität erlebt, wird er zurechnungsfähig im moralischen Sinne.

Moses empfängt auf dem Berg Sinai – zunächst noch als eine göttliche Offenbarung von außen – das zehnfache Gesetz der Ich-Werdung, das seinen Sinn nur dann erfüllen kann, wenn es sich ganz verinnerlicht. Denn das Ich ist reine Innerlichkeit – daher soll sich der Hebräer auch kein Bild von Jahve machen. Jede Abbildung wäre eine Veräußerlichung, ein Widerspruch zu der rein innerlich-seelischen Erfahrung des Ich. Die Kunst der Griechen ist, im vollen Gegensatz dazu, von Anfang bis Ende ein Abbilden nach außen. Von *allen* Göttern werden in der griechischen Kunst Abbilder gemacht. Daher die Opposition zum Heidentum, die das ganze Alte Testament durchzieht.

Im Wesen der Zehn Gebote als geoffenbarte Gesetze der Ich-Werdung ist auch der Übergangscharakter der Mission des Moses begründet. Dasjenige, was er als göttliche Offenbarung empfangen hat, soll von jedem Juden so verinnerlicht werden, daß es zur eigensten, innersten Überzeugung wird. Dann erübrigt sich auch die Vermittlerrolle des Moses. So kann man verstehen, daß Moses das verheißene Land – das Land des vermittlungslosen Ich – nicht betreten darf.

Durch die Jahve-Offenbarung auf dem Berg Sinai wird zugleich das *monotheistische* Bewußtsein in der Menschheit besiegelt. Zwei Dinge gehören, wie erwähnt, untrennbar zusammen: die innere Selbsterfahrung als einheitliche Ich-Wesenheit und die Auffassung der Gottheit als im höchsten und schöpferischen Sinne Ich-begabt. Wo der Mensch auch nur anfänglich sich als *einheitliches Ich* erlebt, kann er nicht anders als die *Einheit* auch in der Gottheit als die höchste und wesenhafteste Eigenschaft zu sehen. Feuerbach hat in einem gewissen Sinne recht: Der Mensch kann nur dasjenige der Gottheit zuschreiben, was er irgendwie bei sich und in sich erlebt. Was er auf keiner Weise erlebt, existiert für ihn nicht. Das hatte im Grunde genommen schon der Grieche Protagoras gesagt.

Warum waren die Griechen *Polytheisten?* Weil sie, im Gegensatz zu den Hebräern, die unendliche *Vielfalt des Seelischen* in sich erlebten, und noch kaum die die Vielfalt vereinheitlichende und beherrschende Kraft des Ich. Wir sehen hier wieder den wesentlichen Unterschied zwischen Seele und Geist. *Seele* ist unendliche Mannigfaltigkeit und Wechselbarkeit, ein wogendes Meer von Trieben, Begierden und Leidenschaften. Nichts ist in der Seele dauerhaft, alles ist vorübergehend; nichts ist objektiv-mitteilbar, alles ist subjektiv und nur persönlich erlebt. *Geist* ist dagegen Einheit und Dauerhaftigkeit. Durch den

Ich-Geist wird Mannigfaltigkeit be-herrscht, weil das Ich der Herr – griechisch κυριος – der Seelenkräfte ist.

Die griechischen Götter sind reale übersinnliche Wesen, welche die seelischen Impulse im Menschen und im Kosmos regieren. Für das Volk des Ich, für das Jahve-Volk, war es daher eine Frage von Leben und Tod, nicht zurückzufallen in den Aberglauben der «Vielgötterei» der Heiden. Der griechische Polytheismus war eine stetige Existenzbedrohung für das Volk des Monotheismus. Wo der Mensch aufhört, sich als einheitliches Ich zu erleben, da kann man nicht mehr von Freiheit oder von Moralität überhaupt reden.

Durch die göttliche Führung Jahves soll der Jude in sich immer wesenhafter die königlich-beherrschende, verantwortungsvolle Instanz erleben, die ihm ermöglicht, die unendliche Vielfalt der seelischen Impulse – seine Gedanken, seine Gefühle, seine Ziele – auf eine Einheit zurückführen. Er soll sich als Ich erleben: als einheitliche Instanz, woraus alle seelischen Impulse erfließen.

Der Strömung des Monotheismus liegt die keimende Fähigkeit des Menschen zugrunde, sich in seinem Wesen als einheitliches, göttlich schöpferisches Wesen zu erleben.

Du sollt kein Abbild deines Gottes machen, *deines* Gottes, heißt es. Diese Redewendung «*deines* Gottes» müßte man übersetzen mit «des Gottes des Ich», denn was heißt «deines Gottes»? Wo im Alten Testament «dein Gott», oder «mein Gott, mein Gott...» steht, müßte man immer mit «Gott des Ich» übersetzen. Sonst würde man nicht verstehen – bei gleichzeitiger Wichtigkeit des Volkes für das Judentum – warum es nicht immer nur heißt «unser Gott».

Das Gesetz von außen und das Gesetz von innen

Der Übergangscharakter der Mission des Moses besteht darin, daß es im Wesen des Gesetzes der Ich-Werdung liegt, daß es im Laufe der Entwicklung aufhören muß, ein von außen gebotenes Gesetz zu sein. Der Sinn des mosaischen Gesetzes erfüllt sich in der Aufhebung des Gesetzes selbst. Die Treue dem Ich-Gesetz gegenüber muß den Menschen dazu bringen, keines Gesetzes mehr zu bedürfen, das ihm von außen gegeben wird. Das von außen geoffenbarte Gesetz verwandelt sich in ein verinnerlichtes – ver-*ich*-lichtes – Gesetz. Es will aufhören, eine Führung von außen zu sein und will verwandelt werden in eine Führung von innen. Die *Thora* will in den ureigensten und innerlichsten, individuellen und *freiheitlichen Willen* des Menschen selbst verwandelt werden. In der Freiheit des Menschen wird jedes Gesetz als solches aufgehoben – hinaufgehoben – und erfüllt.

Dem Vorangegangenen zufolge können wir auch die Entwicklung des hebräischen Volkes anhand der Dreiheit von Leib, Seele und Geist verfolgen. In seiner «Theosophie» und auch andernorts betont Rudolf Steiner die methodische Wichtigkeit dieser Dreiheit, die das Denkgerüst abgeben kann, um alle möglichen auch geschichtlichen Phänomene zu verstehen.

Jahve ist der *Geist* des jüdischen Volkes, der Geist des Ich. Im Impuls des Abrahams haben wir das Entstehen der Ich-gemäßen *Leiblichkeit* als der notwendigen, ersten Bedingung für den Jahve-Impuls. Durch Moses entsteht die *Seele* des jüdischen Volkes: sie wird anhand des Gesetzes herangebildet und verinnerlicht sich immer mehr. Dadurch verliert das Gesetz immer mehr den Charakter des Gruppen-Seelenhaften, des Volkshaften und wird immer weiter individualisiert im Sinne des Ich.

Das wesenhafte Eintreten des Ich-Bin, der Gesamtkräfte des Logos in die Menschheit und in die Erde, wird die Erfüllung des Wirkens des Jahve darstellen. Jedem Menschen wird dadurch die Möglichkeit gegeben, das Zweifache des Leiblichen und des Seelischen als zweifache Bedingung zu handhaben, deren er sich bedient, um auf ganz individuelle Weise die Wirklichkeit des «Ich-Bin» – was der esoterische Name des Christus-Wesens, des Sonnen-Wesens, im Johannes-Evangelium ist – in sich selbst immer wesenhafter zu erleben und auch zu betätigen.

Der Übergangscharakter der Mission des Moses zeigt sich durch die Tatsache, daß Moses in der Tat nicht vermag, in das Gelobte Land einzuziehen: er muß zurückbleiben. Moses zieht nicht in das Gelobte Land ein! Diese Tatsache steht wie ein Rätsel im Alten Testament da. Ihm wurden die Gesetze der Ich-Werdung zunächst von außen, als göttlich geoffenbart gegeben.

Der Anfang konnte nicht anders sein. Aber diese Beziehung zum Gesetz ist eben eine anfängliche, vorläufige.

Wenn es um das Gesetz der Ich-Werdung, der Freiwerdung und der Verselbständigung des Menschen geht, so ist es, wie schon gesagt, im Wesen dieses Gesetzes selbst, daß dessen Charakter des von außen Gegebenseins überwunden wird. Es geht darum, daß der Mensch dieses Gesetz sich so aneignet, so mit eigenem Denken durchdringt, daß es ihm immer mehr einleuchtet, daß es zum Gesetz des eigenen Denkens selbst wird, so daß dasjenige, was Jahve will, zu dem wird, was der Mensch selbst aus ureigensten ichhaftem Wesen selbst will.

Elias und das Rätsel des Hiob

Es gibt eine andere zentrale Figur im Alten Testament, die uns eigentlich dieses Rätsel löst, warum Moses nicht in das Gelobte Land einziehen kann. Diese Figur ist die des *Elias*. Moses und Elias sind die zwei großen Meilensteine in der Entwicklung des hebräischen Volkes. Sie erscheinen auch auf beiden Seiten des Sonnenwesens in der Verklärung auf dem Berge Tabor in den Evangelien.

Wenn wir das Mysterium des Elias etwas angehen wollen, müssen wir ihn in Zusammenhang mit dem Rätsel des Buchs «Hiob» im Alten Testament bringen. Das Buch Hiob ist immer eine Krux in der Geschichte sowohl des jüdischen Volkes wie auch des Textes des Alten Testamentes gewesen. Es hat immer Bestrebungen gegeben, dieses Buch aus dem Alten Testament herauszunehmen. Es wurde von vielen als ein Fremdkörper angesehen.

Die große Frage des Hiob ist zugleich die tiefste Gewissensfrage für jeden Juden bis zum heutigen Tag. Denn im Buch Hiob wird erzählt von einem Menschen, der ganz durchdrungen vom Gesetz des Moses ist, der ganz der Thora ergeben lebt. Obwohl dieser Hiob dem Jahve so treu ist, geht ihm alles schief. Ihm passiert ein Unglück nach dem anderen, so daß letztendlich die ihn umgebenden Menschen, besonders seine Frau, ihn dazu versuchen, zu zweifeln an der Wirklichkeit und an der Ehrlichkeit Jahves. Seine Frau können wir als Bild von Hiobs eigener Seele auffassen. Es ist Hiob selbst als Mensch der *Seele*, der noch beim Moses-Stadium des Gesetzes steht, der seinen Übergangscharakter noch nicht durchschaut hat. Die Stimme seiner eigenen Moses-Seele sagt ihm: Sage dem Jahve ab, sage deinem Gott ab, und du wirst sterben.

Hier äußert sich die tiefe Überzeugung jedes «gerechten», jedes gesetzestreuen Juden, daß er sich nur als im Dasein bestehend erleben kann dadurch, daß er im Volksimpuls des Jahve eingebettet ist. Er kann sich noch nicht als selbständige, individuelle Ich-Wesenheit erleben. Er besteht nur kraft des Wirkens Jahves innerhalb seines Volkes. Er erlebt sich nicht als Einzel-Ich, sondern als Glied des Volkes. Wenn er Jahve absagt, versinkt er ins Nichts.

Dieses Sichhalten an Jahve und Bei-Jahve-Bleiben in der Befolgung des Gesetzes mußte die große Versuchung mit sich bringen, den Moses-Charakter, den Offenbarungscharakter der Thora als endgültiges Stadium zu betrachten. Die Versuchung, beim Übergangsstadium zu verbleiben, als ob es das endgültige wäre, äußert sich in der Tatsache, daß die Treue zum Gesetz und zu Jahve im Laufe der Zeit immer mehr veräußerlicht wurde.

Es seien einige Sätze Rudolf Steiners aus dem Vortrag vom 14. Dezember 1911 über die Mission des Propheten Elias angeführt (aus dem Zyklus «Wendepunkte des Geisteslebens», in: «Menschengeschichte im Lichte der Geistesforschung», GA 61. Diese Reihe von Vorträgen ist eine wunderbare Zusammenfassung von Grundimpulsen in den Religionen der Menschheit): «Die Jahve-Religion, der Aufblick zu einem übersinnlichen Gott, der durch nichts anderes charakterisiert werden kann, als daß man sagt: Er hat mit nichts anderem Ähnlichkeit als mit jenem unsichtbaren Übersinnlichen, das der Mensch gewahr wird, wenn er sein eigenes Ich ins Auge faßt. Jenes Übersinnliche war da, aber man hatte es so aufgefaßt, daß man an den äußeren Erscheinungen des Menschenlebens sozusagen versuchte, sich zu verbildlichen, wie der Jahve-Gott wirkte. Man hatte sich daran gewöhnt, zu sagen: Jahve wirkt so, daß er die Menschen belohnt, den Menschen sich gütig erweist, wenn sich in der äußeren Natur Fruchtbarkeit, Üppigkeit zeigt, wenn sonst das Leben leicht dahinfließt. – Man hatte sich aber auch gewöhnt, zu sagen, daß der Jahve-Gott im Zorn erglühe oder sich von den Menschen abwende, wenn Kriegsnöte, Hungersnöte oder dergleichen da waren.»

Die Prüfung als besondere Liebe Gottes

Hier wird gesagt, daß man den Impuls des Jahve identifiziert hatte mit dem äußerlichen Gedeihen und Erfolghaben, also nicht mehr nur mit der Konstitution der eigenen Leiblichkeit oder mit den seelischen Erlebnisse anhand des Gesetzes. Man hatte es noch weiter veräußerlicht: man identifizierte die Jahve-Wirksamkeit mit dem äußerlichen Geschehen in der Natur dahingehend, daß man sich sagte: Wenn alles Äußerliche gut geht, wenn alles Materielle gedeiht, dann ist das ein Zeichen, daß Jahve einem wohlgesonnen ist. Wenn alles Äußerliche schief geht, wenn gelitten werden muß, dann ist das das Zeichen, daß Jahve sich von einem abwendet.

Dazu könnte man natürlich sagen, daß das Umgekehrte zutrifft. Die Kraft des Ich wird dann am meisten gestärkt, wenn die äußerlichen Umstände mehr Widerstände und Hindernisse bieten. In der Schwierigkeit muß man eine erhöhte Ich-Kraft aufbringen. Dagegen entfernt man sich von der Kraft des Ich – von Jahve! –, wenn äußerlich alles gut geht, weil man weniger Möglichkeit hat, starke Ich-Kräfte wachzurufen, um dem zu begegnen, was äußerlich leicht ist.

In diesem Zusammenhang ist die Mission des Elias zu verstehen. Entscheidend für diese Mission ist die Tatsache, daß Elias in einer Zeit der *Hungersnot* seine Wirksamkeit entfaltet. Die Hungersnot ist so gemeint, daß damals die äußerlichen Umstände für jedes Menschen-Ich des hebräischen Volkes nicht weniger als für Hiob Leiden und Prüfung darstellten. In dieser Hiob-Situation des ganzen Volkes erscheint Elias und bringt eine Lösung, die der Lösung von Hiobs Frau entgegengesetzt steht. Elias ist die neue moralische Stimme des Jahve: sie sagt jedem Juden das Gegenteil von dem, was die Seele des Hiob inspiriert hatte. Die Versuchung Hiobs bestand darin, aus dem äußerlichen Leiden den Schluß zu ziehen, daß die Ich-Gottheit sich von ihm abgewendet hatte und sich aus dem Leiden herauszuziehen durch Lossagen von der Jahve-Gottheit.

Bei Elias tritt die entgegengesetzte Interpretation des Leidens auf. Gerade wenn alles äußerlich sehr schwierig ist, wenn die Hindernisse stark sind, ist die Möglichkeit am besten geboten, Ich-Kraft zu üben. Rudolf Steiner fährt fort: «Die Zeit, von der wir jetzt sprechen, ist auch eine solche Zeit der Not, namentlich eine Zeit der Hungersnot. Und gar manche hatten sich von Jahve aus dem Grunde abgewandt, weil sie an sein Wirken nicht mehr glauben konnten, da sie sahen, wie er die Menschen behandelte, da eben eine furchtbare Hungersnot herrschte. Wenn wir von einem Fortschritte des Jahve-Gedankens sprechen können, müssen wir diesen Fortschritt in der folgenden Art charakterisieren: Auftreten sollte nun ein Gottesgedanke, der zwar der alte Jahve-Gedanke war, aber von einem höheren Verständnis der Menschen durchdrungen, so durchdrungen, daß man sich sagte: Was auch in die äußere Welt eintreten, wie auch der Mensch beseligt dahinleben möge, wie ihn aber auch Not und Elend treffen mögen, diese äußeren Dinge sind in keiner Weise beweisend für die Güte oder den Zorn des Jahve, sondern der hat den richtigen Begriff, die rechte Hingabe an den Jahve-Gedanken, der auch in der größten Not und im größten Elend in dem Aufblick zu dem unsichtbaren Gott nicht wankend wird, der durch die Kräfte allein, die in seiner Seele walten, und durch keinerlei äußeren Beobachtungen, äußeren Bekräftigungen die Gewißheit empfängt: Er ist! – Dieser Umschwung sollte sich in der damaligen Zeit vollziehen.»

Hier haben wir die reale Lösung des Hiob-Rätsels durch die Mission des Elias. Durch ihn äußert sich die Berufung jedes Menschen, die Ich-Kräfte, die Jahve-Kräfte immer innerlicher und individueller zu gestalten. Es entsteht eine umgekehrte Interpretation der Funktion alles Äußerlichen. Es ist nicht dazu da, um einen zu tragen, wie das der Fall ist, wenn einem alles gut geht. Auch ist es nicht dazu da, daß man sich damit identifiziert und in ihm aufgeht. Die Aufgabe des Äußerlichen besteht von nun an vielmehr darin, die richtige Herausforderung, die richtige Gegenkraft dem Menschen-Ich zu bieten.

Das Elias-Leben macht aus Elias den Vorläufer des Wesens des Ich, das sich an der Zeitenwende inkarniert in die Innerlichkeit des individuellen Menschen hinein. Durch das Auftreten des Elias entsteht in der Menschheit der Gedanke: ein Mensch kann als Individualität sich noch vor der Geburt sehr schwierige karmische Umstände aussuchen im Hinblick darauf, daß er diese Schwierigkeiten nicht als Strafe, nicht wegen einer begangenen Schuld, auch nicht als Verlassensein von Jahve erleben will, sondern umgekehrt. Er will durch eine erhöhte Ich-Kraft alle Hindernisse und Schwierigkeiten überwinden. Ohne Leiden, ohne Ringen ist keine Ich-Entwicklung möglich.

So haben wir im Mysterium des Elias deutlich angekündigt die weitere Individualisierung des Menschen dank der Auseinandersetzung mit dem Leiden und mit dem Schwierigen, das als positive karmische Aufgabe einem entgegentritt.

Individualismus als Universalismus

In der letzten Konsequenz der Entwicklung des jüdischen Volkes kündigt sich im Auftreten des Elias das Mysterium des individuellen Ich an, der ewigen Individualität in jedem Menschen, die von Leben zu Leben sich immer weiter entwickelt. Das Gute des Lebens besteht nicht darin, daß es einem äußerlich gut ergeht, sondern darin, daß die göttliche Kraft des Ich immer reiner, immer geistiger, immer individueller in jedem Menschen sich ausprägt.

Wir können zusammenfassend die Struktur der Entwicklung des jüdischen Volkes bis zur Vollendung, bis zur Wende der Zeiten hin so darstellen, daß wir drei Hauptetappen ins Auge fassen: das *Abrahamitische* als die leibliche Grundlage, die dann dazu bestimmt ist der ganzen Menschheit geschenkt zu werden als Grundlage für die Ich-Erfahrung eines jeden Menschen; die *mosaische* Stufe als das Hinzukommen der richtigen seelischen Innerlichkeit, der richtigen Selbsterfahrung des Menschen als seelische Vorbereitung für das Ichhafte, für das rein Geistige; und der Impuls des *Elias,* wodurch der wesentliche Hinweis auf die Vollendung durch den individuellen und ichhaften Geist dargestellt wird. Deshalb kommt Elias wieder als Johannes der Täufer, der auf das Sonnenwesen hinweist als auf die vollendete Erfüllung der Mission des jüdischen Volkes.

Wenn wir die Mission des Elias so auffassen, daß durch ihn das Leibliche, Blutmäßige des Volkes und das Seelische, die Treue dem Gesetz gegenüber, als zweifache Bedingung für ein Drittes erlebt werden, dann verstehen wir die *menschheitliche* Mission des jüdischen Volkes.

Solange die Erfahrung des Ich bestimmt wird durch die Kräfte des Blutes und durch die Unterwerfung unter das Gesetz, hat die Entwicklung einen vorbereitenden Charakter. Beides – das Leibliche und das Seelische – erfüllen ihren Sinn dadurch, daß sie dem Dritten den Weg ebnen: dem ganz *Individuellen* und Geistigen der Ich-Erfahrung.

Auf dieser dritten Stufe ist nicht mehr entscheidend,

welchem Volk ein Mensch angehört. In der Perspektive der Wiederverkörperung hat *jeder Mensch* vor Christus auch die Entwicklung durchgemacht, die in der Geschichte des jüdischen Volkes dargestellt wird. Jeder Mensch hat im Judentum die leibliche und die seelische Stufe der Ich-Entwicklung mitgemacht. Dies bedeutet, daß die Fähigkeit, durch die Elias-Stufe hindurch zum Individuellen zu kommen, in jedem Menschen veranlagt ist. Darin besteht der immanente *Universalismus* des Jahve-Impulses: Es ist in seiner Natur, beim individuellen Ich zu münden, das zugleich *jedem* und *allen* Menschen gemeinsam ist.

Die Botschaft des Propheten Elias kann so zusammengefaßt werden: Das Wesentliche der Jahve-Kraft liegt gerade nicht im Getragenwerden von einem Gruppenhaften (Volk oder Gesetz) oder von der Gunst der äußeren Naturereignisse. Ganz im Gegenteil: es liegt im Wesen der Ich-Kraft, daß in jedem Menschen die Erfahrung der individuellen geistigen Autonomie gemacht wird – gerade trotz aller äußeren Widerstände.

Die Verheißung aller Verheißungen ist für das hebräische Volk das Kommen des Messias. Die jüdische Religion findet hier ihren Brennpunkt und ihren Sinn. Das jüdische Volk wartet heute noch auf dieses Kommen, und die Vorstellungen der Art und Weise seiner Ankunft sind vielfältig. Aber eines ist allen gemeinsam: diese Ankunft trägt den Charakter der Erfüllung und der Endgültigkeit. Diese Endgültigkeit gilt aber auch für die Ich-Kraft, an die Elias appelliert, denn sie ist rein innerlich-geistig und individuell, sie verträgt keine Identifikation mit einem Äußerlichen oder mit einem Gruppenhaften. Aber es lag im Wesen der Mission des jüdischen Volkes, das Individuum zur Überwindung aller Identifikation mit einem Volkhaften zu bringen...

Wenn auch Jahve zunächst als Volksgottheit verstanden wird, so will sie doch auch das «Endgültige» vorbereiten und ermöglichen: die Erfahrung reiner *Individualität* und dadurch auch reiner *Universalität.* Sie muß *als Volksgottheit* im Dienste des Allgemein-Menschlichen stehen.

Erwartung des Messias oder Erfüllung des Gesetzes?

Die Frage stellt sich hier: wenn das Jahve-Wirken *vor Elias* erlebt würde in den Kräften des Blutes und in der Befolgung des Gesetzes des Volkes, woher kommt die *ganz neue,* individuelle Kraft, die Elias erlebt und verkündet als jenseits von Blut und Gesetz, so daß der «Gerechte» und der Jahve-Treue sogar mehr als andere leiden kann?

Die zentrale Frage in der Auseinandersetzung zwischen Judentum und Christentum war und ist: Leben wir heute noch in der Zeit der Erwartung – der Erwartung der Ankunft des Messias –, oder leben wir in der Zeit der Erfüllung?

Das *traditionelle* Christentum hat diese Frage so beantwortet: Der Messias – «Christos» ist die griechische

Übersetzung vom Hebräischen «Meschiach», der Gesalbte – ist schon gekommen, er ist da, und wir leben seit zweitausend Jahren in der Zeit der Erfüllung und der Vollendung. Das *traditionelle* Judentum hat die entgegengesetzte Antwort gegeben: Der Messias ist noch nicht gekommen – wenn er kommt ist nicht nur Vollendung, sondern *Ende* der Zeit; was die Christen «Christus» nennen, kann unmöglich als der jüdische Messias angesehen werden.

Die Geisteswissenschaft Rudolf Steiners sieht *beide* Grundauffassungen als richtig und *beide* zugleich als einseitig an. Jede bedarf der Ergänzung durch die andere, um die volle Wirklichkeit zu umfassen.

Zur Grundaussage des traditionellen Christentums: Das umfassende, kosmische Wesen der Liebe durchdringt geistig seit dem Mysterium von Golgatha die Gesamtkräfte der Erde und hat die *endgültigen* – vollständigen und vollendeten – Bedingungen für alle weitere Entwicklung aller Menschen geschaffen. Er ermöglicht durch sein Wirken die Erfahrung des individuellen, geistig-schöpferischen Ich, die nicht durch eine noch *wesentlich* höhere Stufe abgelöst werden kann.

Ob dieses Endgültige der Erfahrung des Ich – wenn auch zunächst nur anfänglich – real möglich ist oder nicht, kann nicht durch abstrakte Spekulation entschieden werden. Freiheit ist eine Wirklichkeit: man kann sie nicht beweisen, man kann sie nur aufweisen. Es hat in der Tat Menschen gegeben – man denke auch nur an einen Goethe –, die sie in hohem Maße aufgewiesen haben. Daraus kann man rückschließen, daß die Kräfte des Menschlich-Endgültigen *real da* sind und jedem real zur Verfügung stehen.

Aber das traditionelle Christentum ist bis jetzt einseitig gewesen gerade in seiner Opposition zum Judentum. Denn das Kommen des Messias – des Christus – in die Menschheit hat nicht nur eine, sondern zwei Grunddimensionen. Das Eine ist dasjenige, was Christus in seinem Wesen ist, was er vollbringt und was er dadurch jedem Menschen ermöglicht. Die andere, nicht weniger wichtige Seite seines «Kommens» ist die Art und Weise, wie er in jedes Menschen-Individuum geistig seinen Einzug hält. Dies hängt von der individuellen Freiheit eines jeden ab.

Für dieses allmähliche «Kommen» des Christus in den individuellen Menschen ist die *ganze zweite Hälfte* der Entwicklung erforderlich. Jeder ist hier noch ganz am Anfang des Prozesses, wodurch er die Christus-Kraft sich aneignet und verinnerlicht. In diesem zweiten Sinne ist die jüdische Grundaussage viel zutreffender als die traditionell-christliche: der Messias ist noch im Kommen, sein reales Kommen in jedes Menschenindividuum liegt viel mehr in der Zukunft als in der Vergangenheit.

Die antijüdische Einseitigkeit des traditionellen Christentums ist zum großen Teil der Tatsache zuzuschreiben, daß das Christus-Ereignis viel zu wenig als reale Entwicklungsperspektive jedes Menschen-Ich gesehen wurde. Dies wiederum nicht zuletzt aufgrund der Tatsache, daß das Bewußtsein der Wiederverkörperung verlorenging. Das Christentum des «Glaubens» hat alles in einem einzigen Leben von Christus erhofft, weil es alles zunächst noch von der göttlichen «Gnade» erwartet hat.

Die Zukunft des Christentum kann nur darin bestehen, daß der einzelne Mensch das Kommen des Christus-Wesens in sein Ich, die Durchchristung seiner Individualität, als die *zukünftige* Ankunft des Messias betrachtet, als noch ausstehende Aufgabe der menschlichen Freiheit. Hier kann sich der «Christ» voll mit dem «Juden» einigen.

Die antichristliche Einseitigkeit des traditionellen Judentums bestand wiederum darin, daß nicht genügend der Charakter der *Endgültigkeit* gesehen wurde, in der die Menschheit schon längere Zeit lebt. Das Sonnenwesen der Liebe – der Messias – hat schon die Erde «besucht» und aus ihr seinen Leib gemacht. Die «Fülle der Zeit», die Vollendung der Entwicklung ist in dem Sinne schon da, daß alle notwendigen Bedingungen für alle weitere Entwicklung des Menschen real zur Verfügung stehen. Das Wesen des Endgültigen liegt in der real möglichen Erfahrung des Individuell-Ichhaften und des Universell-Menschheitlichen. Diese Erfahrung wird wiederum möglich dadurch, daß der Mensch alles Gruppenhafte – sei es ein Leibliches, sei es ein Seelisch-Kulturelles – als *vorbereitende* Stufe ansieht und erlebt, die sich zur Grundlage und zur Bedingung für das Entstehen des Individuellen und des Universellen machen will.

Das traditionelle Christentum war zunächst weniger

ein Christentum des Geistes als der Seele – also wiederum der Gruppe. Daher auch die zentrale Rolle der Kirche. Man lebte weiterhin weitgehend unter dem «Gesetz» – man denke nur an die Rolle des Kirchenrechts und der Inquisition. Die innere Freiheit und geistige Autonomie der einzelnen Individualität wurde sogar oft als «antichristlich», als Sünde gesehen. Auch das wahre Christentum – so wie der Messias – ist wirklich noch ganz im Kommen!

Durch die Geisteswissenschaft Rudolf Steiners kann eine ganz neue Stufe der «Toleranz» unter den Religionen entstehen. Das Judentum kann sich dem Christlichen dadurch öffnen, daß Individualismus und Universalismus in ihrer Absolutheit – in ihrer Endgültigkeit – real *in Angriff genommen* werden. Das Christentum kann sich dem Jüdischen öffnen dadurch, daß die göttliche Gnade ihre reale Erfüllung in der individuellen Freiheit des Menschen findet, die sich erst am Anfang erlebt.

Der «ewige Jude» und der «ewige Christ»

Die mittelalterliche Sage von Ahasverus, des «ewigen Juden», enthält in bildhafter Form tiefe Geheimnisse. Ahasverus ist ein Jude, und doch nicht nur ein Jude. Bei Goethe tritt er wieder hervor, aber nicht als ein Jude: als ein Bild eines jeden Menschen in seiner Entwicklung. Was ist das für ein Mensch, der ewig «Jude» bleibt? Er ist *jeder Mensch,* insoweit er immer noch – auch nach

Christus – einem Gruppenhaften verhaftet bleibt und nicht zum Allgemein-Menschlichen findet durch weitere Entwicklung des eigenen individuellen Ich.

Er geht auf im Sonderimpuls eines besonderen Volkes oder einer besonderen Kultur oder Religion und versäumt es, die entscheidende «Wende» der Entwicklung zu vollziehen dadurch, daß er sich abwendet von der Verabsolutierung jedes Sonderimpulses und sich hinwendet zum Ganzheitlichen und Synthetischen der Fülle des Menschen als solchen.

In der Sage vom ewigen Juden sehen wir das Ringen des Christentums um das eigene Selbstverständnis und um die eigene Identität. Der tiefere, echt *christliche* Sinn dieser Sage liegt darin, daß Ahasverus jeder Christ ist, der von sich meint, schon «erlöst» zu sein und von vornherein der Schar – der Gruppe! – der Auserwählten anzugehören. Der ewige Jude ist jeder *Christ* der deswegen niemals zum wahren Menschen *wird,* weil er sich identifiziert mit dem, was ihm das Blut und die Kirche gegeben haben. Weil er von sich meint, schon Christ zu sein, kann er es nicht werden. Er versteht die Gnade nicht als Herausforderung zur Freiheit für jeden einzelnen Menschen, sondern als Besitz und als Privileg – als Auszeichnung, die ihn besser macht als andere Menschen.

Ahasverus – jeder Mensch – empfindet einerseits eine unwiderstehliche Anziehungskraft dem Menschheitsrepräsentanten gegenüber, der ihm die Hand bietet. Er möchte diese Hand nehmen, aber anderseits spürt er in sich eine Kraft der Abwehr, eine Kraft des

Widerstandes. In diesem Bild drückt sich aus die ewige Auseinandersetzung in jedem Menschen zwischen seinem höheren Ich und seinem niederen Ich.

Das niedere Ich sucht die Bequemlichkeiten und die Automatismen des Aufgehens in einem Leiblichen und in einem Gruppen-Seelenhaften. In der Anziehungskraft, die Ahasverus dieser Hand gegenüber erlebt, wird dargestellt, daß jeder Mensch in seinem höheren, wahren Ich, die Veranlagung und die Berufung zum Individuellen und zum Universellen in sich trägt, zum rein Menschlichen.

Das gemeinsame Karma des jüdischen und des deutschen Volkes

Ich darf vielleicht diese Gedanken über die Mission des jüdischen Volkes mit einem Hinweis auf das besondere Karma abschließen, welches das jüdische Volks mit dem deutschen Volk verbindet. Noch in diesem Jahrhundert hat sich gezeigt, daß in der Geschichte der Menschheit kaum zwei Völker so tief und so tragisch miteinander verbunden gewesen sind wie das deutsche und das jüdische Volk. Das Karma, das sich diese zwei Völker gegenseitig bereitet haben, ist so gewaltig, daß die Erkenntnisaufgabe eine sehr große ist, immer tiefer in dieses Mysterium einzudringen. Im wechselseitigen Karma dieser zwei Völker liegt vieles verborgen, was zur Entwicklung der Menschheit und des Menschen schlechthin gehört.

Wenn wir die Geisteswissenschaft Rudolf Steiners zugrunde legen, so ergeben sich ungeahnte Perspektiven, um sich diesem Mysterium zu nähern. Man kann sagen: Die Mission des jüdischen Volkes bestand darin, das Kommen des Messias, das Anbrechen des Menschlichen schlechthin vorzubereiten und dadurch zu ermöglichen. Dazu mußten die geeignete Leiblichkeit und die entsprechende Seeleninnerlichkeit herangebildet werden.

Damit ist zugleich ausgedrückt, daß es die besondere Mission des jüdischen Volkes war, ein Bewußtsein davon in der Menschheit zu erwecken, daß alles dasjenige, was zunächst in der Absonderung – in der «Auserwählung» – vorbereitet werden muß, dazu bestimmt ist, zum Allgemeingut der Menschheit zu werden. Es hatte die Mission, zu verstehen, daß jede «Auserwählung» kein Privileg, sondern eine moralische Verantwortung der ganzen Menschheit gegenüber darstellt, eine Aufgabe und einen Dienst. In diesem Sinne kann jede «Auserwählung» nur vorläufigen Charakter haben.

Die Erfüllung der Mission des Judentums besteht darin, durch Kräfte des Opfers jeden Anspruch auf eine Sonderstellung zu überwinden und die universelle Verpflichtung der eigenen Mission zu verstehen. Wahres Judentum erfüllt sich im menschheitlichen *Universalismus.*

Im deutschen Volk finden wir alle kulturellen Voraussetzungen für den polar entsprechenden Impuls. In der deutschen Klassik, besonders im Goetheanismus und im Idealismus, entsteht zum erstenmal in der Geschichte menschlicher *Individualismus* im besten Sinne des Wortes. Man braucht dabei nur an die Philosophie Fichtes zu denken.

Diese zwei Grundimpulse – Universalismus und Individualismus – stehen zueinander wie das Wirken des Sohnes und des Heiligen Geistes in der Menschheit. Beidemal ist für die Zeit der Vorbereitung ein «auserwähltes Volk» stellvertretend für die ganze Menschheit eingetreten.

In Mitteleuropa, innigst verbunden mit dem Karma des deutschen Volkes, ist am Anfang des zwanzigsten Jahrhunderts die Geisteswissenschaft Rudolf Steiners, als wesentlich zum Impuls des Heiligen Geistes zugehörig, in der Menschheit eingeleitet worden. Dieses umfassende Bewußtseinsereignis ist wie eine Sendung des Heiligen Geistes von Seiten Christi. Eine wesentliche Aufgabe dieser Geisteswissenschaft ist die Versöhnung von Judentum und Christentum.

In dem Maße, in dem dieses zwei Völker versäumen, ihre Mission zu erfüllen, in demselben Maße fehlen in der Menschheit wahrer Universalismus und freiheitlicher Individualismus. Das Versagen dieser zwei Völker ist das Versagen der ganzen Menschheit. Die menschheitliche Tragik dieses Versagens kann sich wieder nur gegen diese zwei Völker wenden. Dieses zwanzigste Jahrhundert hat es uns allen in erschütternder Weise gezeigt.

Aber die Entwicklung ist noch nicht zu Ende. Die ganze Menschheit wartet darauf, daß das Pochen auf

Blut und Boden sich verwandle in universelle Liebe und in individuelle Freiheit im Herzen eines jeden Menschen auf der Erde.

V.

Die Zeitenwende – damals und immer

Die Mission des Judentums faßt sich zusammen und kulminiert in der Aufgabe, die richtige irdische Leiblichkeit vorzubereiten, die dazu bestimmt war, im dreißigsten Lebensjahr des Jesus von Nazareth die Inkarnation, die Menschwerdung der zentralen Wesenheit unseres Sonnensystems in sich aufzunehmen. Die gefallene menschliche Natur und Leiblichkeit ist durch die Generationen des jüdischen Volkes so geläutert und veredelt worden, daß sie dazu geeignet gemacht wurde, in sich den Welten-Logos, das Welten-Wort aufzunehmen.

Die Zeitenwende besteht darin, daß das Wesen der Liebe, welches die Sonne als himmlischen Körper in den Uranfängen der Entwicklung aus der Erde herausgezogen hatte, jetzt durch seine Menschwerdung, durch sein Eintreten in die Gesamtkräfte der Erde, eine allmähliche Wiedervereinigung von Erde und Sonne und dadurch eine Wiedervereinigung aller Planeten, die zu dem Sonnensystem gehören, einleitet.

Man kann hier erneut die Frage stellen: Welcher ist der Sinn der Tatsache, daß die Sonne in den Anfängen der Entwicklung sich aus der Erde herausgegliedert hat? Rudolf Steiner schildert in seiner «Geheimwissenschaft im Umriß»: Es ergab sich im Urbeginn, wie schon erwähnt, die Notwendigkeit, daß das Wesen der Liebe sich herausziehe aus den Gesamtkräften der Erde. Das Austreten des Sonnenwesens aus der Erde kann gesehen werden als zum Gesamtgeschehen des Sündenfalls dazugehörend.

Dadurch, daß die Sonnenwesenheit Distanz nahm

von der irdischen Leiblichkeit, wurde der anderen Wesenheit, die *Luzifer* genannt wird, die Möglichkeit gegeben, die erste Hälfte der Entwicklung zu leiten, welche die negative Phase der Freiheit darstellt. Durch den Sündenfall beginnt die Entwicklung des Egoismus, der Sonderung und der Zergliederung der Menschen. Individualisierung und Freiheit sind nur möglich, wenn eine erste, negative Phase des Sich-Absonderns, des Sich-Absetzens vorausgeht.

Dies wird jedesmal im kleinen wiederholt in jedem Leben. Das Kind durchlebt, nach der ersten paradiesischen Phase der Identifikation mit den Elternwesen, die negative Phase der Freiheit. Es muß sich von allen absetzen und abgrenzen, um die eigene Identität zu finden, um die eigene Selbständigkeit zu erlangen. Dies kann man wiederum vergleichen mit dem erwähnten Weggehen des «verlorenen Sohnes» vom Hause des Vaters im Gleichnis des Evangeliums.

Freiheit des Egoismus und der Liebe

Um diese negative, zunächst durch den Grund-Impuls des Egoismus getriebene Phase der Freiheit zu ermöglichen, wissend, daß sie entwicklungsnotwendig ist, entfernt sich das Wesen der Liebe von der irdischen Leiblichkeit. Es macht dem notwendigen Wirken des Wesens des Egoismus Platz, des Luzifer-Wesens.

Die zweite, positive Phase der Freiheit beginnt dadurch, daß der Mensch anfängt, den Egoismus zu überwinden durch die Kräfte der Liebe. Dadurch wird er wirklich frei. Die Freiheit des Egoismus, die Freiheit des Gegeneinanders und der Willkür, wo man nicht weiß, was man sich gegenseitig antut, ist eigentlich nur der Anfang der Freiheit, nur die Unvollkommenheit der Freiheit.

Die Phase der vollkommenen Freiheit beginnt für den Menschen erst dann, wenn das bewußte und willentliche Bestreben entsteht, den Egoismus zu überwinden durch die Kräfte der Liebe. Dieselben Kräfte, die man sich angeeignet hat, indem man auf egoistische Weise die ganze Welt für sich in Anspruch genommen hat, wollen jetzt liebevoll und dienend zurückfließen in den Gesamt-Organismus der Menschheit.

Durch Liebe versteht der Mensch, daß das Sondersein nur eine Illusion ist, daß das wahre Wesen aller Menschen darin liegt, daß jeder Mensch ein Glied im Gesamt-Organismus der Menschheit ist. Die Menschheit ist im realen Sinne ein einziger geistiger Organismus. Es ist ganz unmöglich, daß ein Mensch Glück und Vollkommenheit erlangen könne, ohne Glück und Vollkommenheit aller.

So verstehen wir, daß die Fülle der Zeit und die Zeitenwende darin besteht, daß nachdem diese erste Phase der Entwicklung unter dem Register des Egoismus absolviert war, das Wesen der Liebe auf die Erde zurückkehrt. Diese Tat geschah allmählich und wurde von den Eingeweihten in den Mysterien vorausgesagt. Durch die Tatsache, daß das Sonnenwesen als geistige Wesenheit vor zweitausend Jahren die Sonnenleiblichkeit endgültig verlassen hat, um aus der Erde seinen Leib zu machen, sind Sonne und Erde als Himmelskörper schon zweitausend Jahre lang dabei, immer näher aneinander zu kommen, um wiederum im Laufe der Zeit zu einem einzigen Himmelskörper zu werden. Dies wird auch die anderen Planeten des Sonnensystems wieder zu einer Einheit bringen.

Jesus von Nazareth und die Erfüllung des Gesetzes

In der ganzen Menschheit war nur das jüdische Volk imstande, die geeignete Leibeshülle vorzubereiten für die Menschwerdung des Logos. Die Christus-Wesenheit konnte sich nur verkörpern im jüdischen Volk. Dies ist das besondere Mysterium des *Jesus von Nazareth* als des Menschen, der dazu bestimmt war, zum Christus-Träger zu werden. In seiner Leiblichkeit fassen sich alle menschlichen Eigenschaften zusammen, die ausgeprägt wurden in der Geschichte des hebräischen Volkes. Der Sinn und die Erfüllung alles dessen, was in der Geschichte des jüdischen Volkes geschehen ist, zeigt sich im Entstehen dieser einen Leiblichkeit, in der Geburt des Jesus von Nazareth als des künftigen Messias-Trägers.

Jesus von Nazareth bringt dem Christus-Wesen die einzig geeignete, die am meisten Logos-fähige und Logos-sehnsüchtige Leiblichkeit entgegen, die damals in der Menschheit überhaupt möglich war. Dies wiederum ermöglicht, daß das Sonnenwesen im dreißigsten Lebensjahr sich in diese dreifache Hülle verkörpert. Die Taufe im Jordan ist das reale Eintreten des Sonnenwesens, des Wesens der Liebe, in die dreifache Leiblichkeit des Menschen, die durch die ganze Entwicklung des jüdischen Volkes möglich gemacht wurde.

Die Erfüllung des Gesetzes und die Fülle der Zeiten ereignet sich durch die Menschwerdung des Welten-Logos. Durch das Zurückkehren des Sonnenwesens in die Erde sind alle Bedingungen erfüllt für die zweite Hälfte der Entwicklung, für die Entwicklung der Kräfte der Liebe.

Wenn wir nochmals die drei Grundschritte in der Entwicklung des hebräischen Volkes betrachten, können wir sagen: Durch die *Abraham*-Stufe ist eine leibliche Grundlage geschaffen worden auf die Individualisierung eines jeden Menschen hin; in der *Moses*-Stufe ist der Seele des Menschen die Fähigkeit gegeben worden, die Gesetzmäßigkeit und den Sinn der Entwicklung zu verinnerlichen; durch *Elias* vertieft sich diese Entwicklung in Richtung des Geistigen, indem das individuelle Mysterium des Karma, besonders dann, wo die Schicksalsschläge so leidvoll und schwer sind, nicht als Sünde oder als Strafe betrachtet wird, sondern als Entwicklungsmöglichkeit, die einen ganz individuellen Charakter trägt.

Dieses Dreifache ist von jedem Menschen durchgemacht worden, denn es ist der Dreischritt jeder Menschwerdung. Jeder Mensch trägt in sich als Gesamtresultat seiner Entwicklung die Abraham-Leiblichkeit, die Moses-Gesetzmäßigkeit und die Elias-Individualität. Dies will in ihm immer bewußter und wesenhafter werden.

So muß man auch die *Erfüllung des Gesetzes* verstehen. Sie besteht darin, daß der Mensch das «Gesetz», das heißt den Sinn und den Plan der Entwicklung dadurch erfüllt und in die Vollendung bringt, daß er immer mehr Ichhaftigkeit, immer mehr Verantwortung und Mitschöpfertum in sich zur Entfaltung bringt.

In diesem Sinne hat Paulus recht, wenn er sagt: Nicht die Sünde hat das Gesetz hervorgebracht, sondern das Gesetz die Sünde. Dies ist so zu verstehen, daß es im Wesen des Entwicklungsgesetzes war, daß eine Sonderung, eine Atomisierung der Menschheit geschehen mußte, um Ichhaftigkeit überhaupt entstehen zu lassen. Diese Sonderung, diese «Sünde», ist zunächst nicht als moralisch zu verstehen, als ein Böses, sondern als die Urnotwendigkeit der Entwicklung, als die Voraussetzung überhaupt, um zu einer moralisch freien und verantwortungsvollen Individualität zu werden.

Durch das Eintreten des Sonnenwesens in die Erde und in die Menschheit, wird das Entwicklungsgesetz erfüllt, das Gesetz der Ich-Werdung wird in die Vollendung gebracht.

Ich und der Vater (Abraham) sind eins

Im Johannes-Evangelium werden die Mysterien des Logos, die Mysterien des Gesamtsinnes der Entwicklung in besonders tiefer Weise dargestellt. In den langen, kampfgeladenen Auseinandersetzungen des Christus-Wesens mit den Schriftgelehrten und Pharisäern geht es immer darum, den Sinn des Gesetzes des Moses richtig zu erfassen. Ihm wird der Vorwurf gemacht, daß er das Gesetz in Abrede stellt, daß er das Gesetz mißachtet. Er weist dagegen immer wieder darauf hin, daß durch sein Wirken im Gegenteil die Erfüllung des Gesetzes hervorgebracht wird in dem Sinne, daß durch ihn das Gesetz in die Fülle seiner Wirksamkeit hineingebracht wird.

Wir finden zum Beispiel vom achten bis zum zehnten Kapitel des Johannes-Evangeliums eine gewisse Kulmination des ersten Teils bis zur Auferweckung des Lazarus. Im achten Kapitel steht die Interpretation des *Abrahamitischen* im Zentrum der Auseinandersetzung. Der Kernsatz, der die Selbstidentität des damaligen Juden ausspricht, lautet: Wir sind Kinder Abrahams, wir sind Samen Abrahams. Damit wird gesagt: Unsere Identität besteht in unserer Leiblichkeit, in unserem Blut. Wir tragen eine solche Leiblichkeit, in der der Jahve-Geist wirkt. Nur Menschen, die diese Abraham-Leiblichkeit haben, können von sich behaupten, daß die Jahve-Gottheit sie durchdringt.

Ihr Teilhaben an diesem Blutmäßigen, an diesem Volkshaften verstehen die Schriftgelehrten und Pharisäer als Auszeichnung, als Privileg in dem Sinne, daß nicht alle Menschen, sondern nur diejenigen, die diesem Volk angehören, diese wesentliche Verbindung mit der Gottheit für sich in Anspruch nehmen können. Alle anderen Menschen sind davon ausgeschlossen.

Diesem Satz, der das Selbstverständnis und das Selbsterlebnis des damaligen Juden zusammenfaßt, entgegnet Christus mit dem Gegensatz: «Bevor Abraham war, was das Ich-Bin.» Es wird üblicherweise übersetzt: «Bevor Abraham war, war ich.» Aber Christus will sagen: «Vor Abraham war das Wesen des Ich.» Dies heißt: Die Abraham-Leiblichkeit des jüdischen Volkes ist ein Teilaspekt des Gesamtplanes der Entwicklung. Dieser besteht darin, daß Ichhaftigkeit möglich gemacht wird und auch realisiert wird durch den Menschen.

Das erste, was da sein muß, noch bevor die Teilaspekte und die Zwischenschritte ins Auge gefaßt werden, ist immer der Gesamtplan, der Sinn und das Ziel des Ganzen. Bevor der Teilimpuls des Abrahams überhaupt ins Auge hätte gefaßt werden können, mußte der Gesamtplan zugrunde gelegt werden: «Ehe Abraham war, was das Ich-Bin.» Das Entstehen der Erfahrung des Ich-Bin ist der Sinn des Ganzen. Die einzelnen Schritte werden danach gestaltet, sie werden dem untergeordnet.

Der Jude sagte: *«Ich und der Vater Abraham sind eins.»* Dadurch identifizierte er sich noch zunächst mit diesem Besonderen, mit diesem Sonderaspekt der Entwicklung. Der Gegen-Satz Christi dazu läßt gerade das Wort «Abraham» aus: *«Ich und der Vater sind eins.»* Ichhaftigkeit wird erlebt in der Vereinigung mit dem allgemeinen und menschheitlichen *geistigen* Vater, mit dem Vater der ganzen Menschheit. «Ich und der Vater sind eins».

Darin besteht der Charakter der Vollendung, der Fülle der Zeiten, daß der Mensch anfängt sich zu identifizieren mit dem Ganzen, mit dem Universellen, mit dem Vater aller Menschen. Dieser geistige Vater gibt nicht nur einen physischen Leib – wie Abraham –, sondern will in jedem Menschen seinen Sohn als Ich-begabten Mitschöpfer hervorbringen.

Moses sprach von den Mysterien des Ich

Im neunten Kapitel haben wir dann im Zentrum der Auseinandersetzung das andere Wort der Schriftgelehrten: *«Wir sind Schüler des Moses.»* Hier geht es nicht nur um die Abraham-Leiblichkeit, sondern um den Inhalt des Gesetzes. «Wir sind Schüler des Moses», dies will sagen: «Unsere Identität, unser Gehalt sind die Gebote des Moses, ist die Thora, ist das Gesetz. Die Befolgung des Gesetzes gibt uns unsere Würde. Wir erleben uns als Menschen dadurch, daß wir das Gesetz des Moses gemeinsam haben.»

Als Gegen-Satz zu diesem Satz sagt ihnen Christus: «Moses schrieb vom Ich-Bin.» (Die übliche Übersetzung heißt: «Moses schrieb von mir», Joh, 5,46.) Dieser Satz im Johannes-Evangelium ist für viele Theologen nicht leicht verständlich. Man fragt sich: Wo schreibt denn Moses über Christus? Wir haben schon gesehen, worin das Wesen der mosaischen zehn Gebote besteht: sie sind Gesetzmäßigkeiten der Ich-Werdung. Moses hat überall geschrieben vom Wesen des Ich.

Im zehnten Kapitel haben wir die letzte Konsequenz dieser Steigerung. Erster Satz: «Wir sind Kinder Abrahams»; erster Gegen-Satz: «Ehe Abraham war, war das Ich-Bin». Zweiter Satz: «Wir sind Schüler des Moses»; zweiter Gegen-Satz: «Moses sprach vom Ich-Bin». Die letzte Konsequenz dieser Erfüllung des Gesetzes durch Ich-Werdung wird dann geäußert im gewaltigen Satz des zehnten Kapitels: *«Ihr seid Götter»* (ϑεοι ἐστε = theoi este). Auch hier zitiert Christus das Alte Testament! Jeder Mensch trägt die reale Fähigkeit in sich, immer göttlicher zu werden, immer mehr zu einem göttlich-souveränen, geistig-selbständigen Wesen zu werden. Dadurch, daß der Mensch, in der Betätigung des eigenen Denkens, immer intuitiver und individueller sich als geistiges Wesen in einer rein geistigen Welt erlebt, hat er immer wesenhafter Teil am Schöpferischen der Gottheit selbst.

Wir sehen, auf welche Weise im Christus-Ereignis die Vollendung der Zeit und die Erfüllung des Gesetzes sich vollzieht. Dies geschieht dadurch, daß jeder Sonderimpuls und alles Gruppenhafte überwunden wird. Das Wesen der Liebe ermöglicht einerseits einen menschheitlichen Universalismus und anderseits volle Individualisierung.

Die Ehebrecherin zu Tode steinigen?

Im achten Kapitel des Johannes-Evangeliums wird die Szene mit der *Ehebrecherin* geschildert. Es ist ein Geschehen, wo vieles sich zusammenfaßt, wo vieles so urbildhaft dargestellt wird, daß wir diese Szene der Ehebrecherin wie ein Urphänomen des Übergangs vom Besonderen in das Ganzheitliche der Fülle und der Erfüllung betrachten können, wo das Universell-Menschheitliche in Anspruch genommen wird.

Dasjenige, was hier erzählt wird, muß auch geschichtlich ganz ernst genommen werden. Es handelt sich zunächst um ein geschichtliches Ereignis. Es muß so genommen werden, wie das auch äußerlich beschrieben wird: Eine Frau wird beim Ehebruch ertappt. Zugleich aber haben wir es zu tun, wie angedeutet, mit einem Bild, in dem sich zusammenfaßt der Gesamtlauf der Entwicklung.

Die Frau wird dem Christus gebracht mit der Frage: «Was meinst du dazu? Das Gesetz des Moses sagt, wir sollen eine Frau, die beim Ehebruch ertappt wird, zu Tode steinigen. Was sagst *du* dazu?» Christus beugt sich und schreibt in die Erde. Und als er nochmals aufgefordert wird, Stellung zu nehmen, äußert er den Satz: «Wer von euch ohne Sünde ist, der werfe als erster den Stein.»

Die Frage darf hier wohl gestellt werden, ob das überhaupt so gemeint sein kann im Gesetz des Moses, daß eine Frau, die beim Ehebruch ertappt wird, physisch mit Steinen zu Tode gebracht werden soll? Denn wenn das Gesetz des Moses ein menschenliebendes und förderndes Gesetz sein soll, so fragt man sich, was dadurch erreicht wird, daß ein solcher Mensch zu Tode gesteinigt wird.

Deswegen sagt Christus: Wer von euch ohne Sünde ist, werfe als ersten den Stein. Daraufhin entfernen sich alle, angefangen von den älteren, die mehr Zeit gehabt haben zu sündigen. Als er dann allein bleibt mit der Frau, fragt er sie: hat keiner dich verurteilt? Keiner, sagt sie. Und er dazu: auch ich verurteile dich nicht. Entwickle dich weiter (was mit «geh» übersetzt wird!) und sündige nicht mehr.

Wir haben es hier mit einem kolossalen Mißverständnis des Gesetzes des Moses zu tun, was erklärt, daß auch die Erfüllung dieses Gesetzes damals mißverstanden wurde. Denn Moses kann unmöglich gemeint haben, man soll einen solchen Menschen mit physischen Steinen zu Tode steinigen. Das würde ja gerade die weitere Entwicklung dieses Menschen, der es am nötigsten hat, verunmöglichen. Der Sinn des mosaischen Gesetzes ist wohl ein ganz anderer. Wenn man den Geist des mosaischen Gesetzes richtig erfaßt, muß man die betreffende Stelle des Alten Testamentes ganz anders interpretieren.

Da wird dem jüdischen Volke gesagt: Bei dir soll, im Unterschied zu den anderen Völkern, der Impuls des Ich, der Impuls der Befreiung des Menschen vom Naturnotwendigen sich ausbilden. Dieser Sinn der Entwicklung des Menschen soll dir immer bewußter werden. Für dich soll Naturnotwendigkeit nur Grundlage sein für dasjenige, was sich darauf auferbaut: die Ich-Entfaltung des Menschen im Geiste der Freiheit. Dieses Entwicklungsgesetz auf das Ich hin wird dir im Gesetz des Moses gegeben.

Wenn du den Sinn dieses Gesetzes richtig erfassest, dann wirst du auch Folgendes verstehen: ein Mensch, der im Triebhaften, im Natürlichen aufgeht – im Gesetz der Natur, das sich auch in seiner Leiblichkeit durch die Triebe und die Instinkte, am stärksten durch den Geschlechtstrieb, äußert –, ist noch nicht richtig ein Mensch. Du mußt das Gesetz des Moses so verstehen, daß du davon überzeugt bist: ein Mensch, der dem Natürlichen nicht hinzufügt das Ichhafte und das Freiheitliche, ist gerade als Menschenwesen noch tot. Du wirst das Entwicklungsgesetz des Moses richtig verstehen, und du wirst über den Menschen nur richtig denken, wenn du lernst, in deinem Denken einen solchen rein triebhaften Menschen als tot zu halten. Für dein Denken soll ein reiner Naturmensch als tot gelten. Wo hast du aber das Bild dessen, wo reinste Naturnotwendigkeit waltet? Im Mineralischen, im Steinhaften. Wenn du also die richtigen Gedanken in dir hegst über den Sinn und das Ziel des Gesetzes der Entwicklung, das dir durch Moses geoffenbart wurde, wirst du über einen rein triebhaften Menschen so denken, daß er dir als *tot wie ein Stein* gilt. Du wirst ihn als Menschen in deinem Denken genauso als tot halten müssen wie den Stein, weil ein solcher Mensch sich auf die Stufe des Mineralischen zurückschraubt. Er ist reines Naturwesen wie der Stein, und vom Menschen ist in ihm noch nichts da: als Mensch ist er tot…

Dieses kann einzig und allein der gottgemeinte Sinn des mosaischen Gesetzes gewesen sein. Eine andere Bedeutung kommt eigentlich nicht in Frage. Dieser

Sinn ist aber im Laufe der Entwicklung des jüdischen Volkes gründlich mißverstanden worden. Dieses Mißverständnis gehört wiederum selbst zur Entwicklung der ganzen Menschheit. Durch den zunehmenden Materialismus wurde ein Geistiges rein physisch-materiell interpretiert, so daß schon zur Zeit Christi folgende Interpretation überwog: wenn eine Frau beim Ehebruch ertappt wird, soll sie mit physischen Steinen physisch zu Tode gesteinigt werden. Wenn das Ganze aber *physisch* gemeint war, so müßte man die Frage stellen: und der Mann? Warum soll er nicht gesteinigt werden? Zum Ehebruch gehören ja zwei Menschen.

Die Schriftgelehrten und Pharisäer können deshalb nicht mit ganz gutem Gewissen bei dieser Interpretation verbleiben. Dies zeigt sich an der Tatsache, daß sie sich einerseits von Christus eine Legitimation erhofft haben, um dieses zu tun, oder anderseits gedacht haben, daß er dieses Töten nicht gutheißen könnte. So zeigen sie große Zweifel an ihrer eigenen Art der Interpretation des Gesetzes.

Die Menschenseele als kosmische Ehebrecherin

Wir können das Bild, das sich hier in einem historischen Ereignis zeigt, als *Urphänomen* der Menschheitsentwicklung betrachten und dadurch die Interpretationsperspektive noch wesentlich erweitern.

Der Ehebruch, der im Karma dieser Frau sich ereignet, ist ein Bild der realen Entwicklung eines jeden Menschen, ein Bild des Entwicklungsgesetzes schlechthin.

Der Gang der Entwicklung besteht darin, daß die Menschenseele in den Uranfängen des Weltgeschehens mit einem ersten Gemahl verbunden war, mit dem Geist. Diese erste Ehe, diese anfängliche Vermählung mit dem kosmischen Geist, mußte zu Ende kommen. Um den Sinn und das Ziel der Entwicklung überhaupt zu verwirklichen, mußte die Menschenseele sich vom Geist sondern, sie mußte dem Geist «untreu» werden. Diese Untreue ist nicht böse im moralischen Sinne, wie schon vielfach angedeutet, sondern eine Entwicklungsnotwendigkeit. Die Menschenseele mußte die anfängliche Verbundenheit mit dem geistigen Kosmos und das Beheimatetsein in ihm zurücklassen. Sie mußte sich mit dem zweiten Gemahl der Entwicklung verbinden, mit dem sie eine Verbindung eingehen kann: mit dem Leib, mit dem Leiblichen des Kosmos.

Der Ehebruch im Johannes-Evangelium ist sowohl ein historisches Ereignis, wie auch ein umfassendes Bild der Gesamtentwicklung. Die Ehebrecherin ist zugleich jede Menschenseele. In den Heiligen Schriften ist jede weibliche Figur ein Bild für die Seele und ihre Eigenschaften.

Um Individualisierung und Ich-Werdung überhaupt zu ermöglichen und zu verwirklichen, mußte die Seele des Menschen den ersten Gemahl, den Geist, verlassen, um sich zu verbinden mit dem zweiten Gemahl, mit dem Leiblichen auf der Erde. Man soll, wie gesagt, diesen Ehebruch nicht im moralisierenden Sinne verpönen oder rückgängig machen wollen. Der Mensch soll nicht zurückkehren zu demselben Zustand, in dem er am Anfang war. Dies würde die ganze Entwicklung vereiteln und umsonst geschehen sein lassen.

Nicht rückwärts soll die Entwicklung weitergehen, sondern nach vorne. Die Tatsache, daß dieser Ehebruch bejaht werden darf in seiner positiven Bedeutung auf die weitere Entwicklung hin, drückt sich dadurch aus, daß Christus die Ehebrecherin – die Menschenseele – auch nicht verurteilt. Er schreibt die umfassende Entwicklungstatsache des Ehebruchs in die Erde ein. In seinem eigenen Erdenleib schreibt er die Notwendigkeiten der Entwicklung des Menschen ein, denn die Erde will der Ort aller Entwicklungsmöglichkeiten für jeden Menschen sein.

Mit dem Erdenleib hat sich die Menschenseele verbunden durch den Ehebruch mit dem Geist. Mit dem Erdenleib verbindet sich das Wesen der Liebe, um die Menschenseele in ihrer leibgebundenen Entwicklung zu begleiten.

Die Aufforderung an die Menschenseele, sich weiter zu entwickeln und nicht mehr zu sündigen, will sagen: du willst die Sonderung vom Geistigen – die notwendige «Sünde» der Entwicklung – wieder aufheben, aber nicht in dem Sinne, daß du zurückkehrst zum Zustand des Anfangs. Du sollst dich *«weiterentwickeln»* (πο–ρευου, poreuou, was üblich mit dem nichtssagenden «geh» übersetzt wird).

Aus den Kräften des Ich, durch Übung der Freiheit,

sollst du deine Individualität verstärken und läutern, so daß du eine nunmehr freiheitliche Rückverbindung mit dem Geistigen, das heißt *Religion* im wahrsten Sinne des Wortes, üben darfst. Dies heißt, den Sinn der Entwicklung zu verwirklichen.

Christentum ist Religion der Erde

Das Wesen des Christus-Ereignisses besteht darin, daß das kosmische Wesen der Liebe sich mit den Gesamtkräften der Erde verbindet und sie mit seiner Liebe so durchdringt und verwandelt, daß die «Erlösung» des Menschen möglich gemacht wird.

Durch den Sündenfall, durch den kosmischen Ehebruch des Hinunterfallens in das Erdenelement der Sonderung – in die physisch-materielle Leiblichkeit – war die Seele des Menschen zu sehr «leibverwandt» geworden. Der Mensch erlebte zunehmend die Ohnmacht seiner Seele der Macht der Naturnotwendigkeit gegenüber.

Das Mysterium von Golgatha, die mystische Tat des Wesens der Liebe, ist eine Gesamt*ermächtigung* des Menschen, die jedem Menschen die Fähigkeit verleiht, die reale Anziehungskraft der Seele nach dem Geist zu erleben und zu verstärken. Durch die «Erlösung» wird die Seele des Menschen wieder «geistverwandt» gemacht. Diese Geistverwandtschaft zu pflegen, sie immer wesenhafter zu üben – Aristoteles und Thomas von Aquin würden sagen: sie von einer Potentialität in eine Aktualität zu verwandeln –, ist die nie endende Aufgabe der menschlichen Freiheit.

Christus schreibt den menschlichen «Ehebruch» in den Erdenleib. Christentum ist Religion der Erde. Nicht durch Verlassen der Materie kann der Mensch erlöst werden. Dadurch würde er nur einen zweiten «Ehebruch» begehen: nachdem er dem Geist untreu geworden ist, würde er jetzt der Erde untreu werden. Er würde den Ort aller künftigen Entwicklung verlassen.

Durch sein In-die-Erde-Schreiben will Christus jedem Menschen sagen: du kehrst immer wieder auf die Erde zurück, bis du sie ganz miterlöst hast. Die Welt der Materie ist *dir zuliebe* mineralisch geworden, um deine Individualisierung zu ermöglichen. Dir zuliebe ist alles *Steinhafte* entstanden. Deine Verbindung mit der Welt der Steine soll nicht dazu dasein, um dich als Menschen in deiner Menschlichkeit «zu Tode zu steinigen». Aber die Steine wollen auch nicht von dir undankbar verlassen und zurückgelassen werden. Sie wollen *in dir* auferstehen dadurch, daß du sie im Laufe der künftigen Entwicklung *verwandelst* in die Substanz deines eigenen Geistes. Christentum ist die Religion der Wandlung – der Transsubstantiation – aller Materie in den Menschengeist. Die Sehnsucht aller Kreatur ist die Menschwerdung.

Der Entwicklungsimpuls, der mit dem Wort «Christentum» bis jetzt belegt wurde, kann, wenn richtig verstanden, nicht als eine Religion *neben* anderen angesehen werden. Dies ist schon vielfach angedeutet worden. Die menschliche Individualität, die in ihrem dreißigsten Lebensjahr ihre dreifache Leiblichkeit – den physischen Leib, den Lebenskräfte-Leib und die Seelenhülle – dem Christus-Wesen zur Verfügung stellte, kann nicht wie ein neuer «Religionsstifter» betrachtet werden.

Jesus und Christus: menschliche Erwartung und göttliche Erfüllung

In der Bezeichnung «Jesus Christus» wird auf eine Zweiheit hingewiesen. «Jesus» ist der Mensch, der zum Christus-Träger wird. «Christus» ist das göttliche Weltenwort, das sich mit diesem Menschlichen verbindet, um durch es zu wirken, um es im Laufe der drei Jahre ganz zu durchdringen.

So können wir sagen: In Jesus von Nazareth haben wir die wesenhaft gewordene Zusammenfassung aller religiösen Erfahrungen der Menschheit in ihrer Bedürftigkeit und Sehnsucht nach Erlösung. Er ist die wesenhaft und einheitlich gewordene *Religion des ganzen Menschen.* In einer Individualität wird das Menschheitliche so urphänomenal und repräsentativ erlebt, daß wir hier nicht von einem Menschen, sondern von *dem* Menschen schlechthin sprechen dürfen.

Was dann im dreißigsten Lebensjahr dieses Jesus von Nazareth sich ereignet, ist etwas, wovon keine Religion vor Christus sprechen konnte, weil dieses Ereignis noch nicht geschehen war. Was Eingeweihte aller

Religionen als ein Zukünftiges verkündet haben – daß das hohe Sonnenwesen auf die Erde kommt, um die Erde wiederum allmählich in eine Sonne zu verwandeln –, im Mysterium von Golgatha wurde es zur Wirklichkeit.

Was hier geschah, ist nicht die Stiftung irgendeiner neuen Religion. Es ist dasjenige, was «Erlösung» der ganzen Menschheit gebracht hat. Es ist nicht die Tat eines menschlichen Religionsstifters – wie weit entwickelt auch immer er gedacht wird. Es ist die Menschwerdung der zentralen geistigen Wesenheit des Sonnensystems, die alle Kräfte der kosmischen Liebe in sich zusammenfaßt, um sie in die Erde zu gießen, zur Ermöglichung der Freiheit eines jeden Menschen. Das Christus-Ereignis hat direkt zu tun mit jedem Menschen und mit allen Menschen. Alles ist in diesem Ereignis menschheitlich und universell, deshalb kann die Stellungnahme ihm gegenüber nur rein individuell vollzogen werden. In Jesus von Nazareth wird wesenhaft das moralisch-religiöse Gewissen der ganzen Menschheit durch die Bewußtwerdung der Notwendigkeit der Erlösung.

Es ist nicht leicht, vom Wesen der Liebe, vom göttlichen Sonnenwesen zu sprechen, weil im Laufe der letzten zweitausend Jahre im traditionellen Christentum, die *kosmische* Dimension des Christus-Ereignisses aus dem Auge verlorenging. Die Betrachtungsweise hat sich immer mehr auf das *Menschliche* beschränkt. Das göttliche Wesen konnte immer weniger verstanden werden.

In den allerersten Jahrhunderten nach Christus waren noch die letzten Reste der alten Gnosis vorhanden. Nur durch diese konnte von manchen gerade noch der kosmisch-göttliche Charakter des Mysteriums von Golgatha geahnt werden. Die Gnosis, selbst der letzte Rest der alten Weisheit, schwand dann besonders ab dem vierten Jahrhundert nach Christus ganz dahin. In den Jahrhunderten nach der konstantinischen Wende gab es kaum mehr eine Möglichkeit in der Menschheit, die kosmische Tragweite des Christus-Mysteriums zu erfassen. Die Interpretation dieses Mysteriums wurde immer «menschlicher», bis zu der letzten Konsequenz, wo nur noch «der schlichte Mann von Nazareth» gesehen wurde.

Christentum als mystische und kosmische Tatsache

Die Grundaussage Rudolf Steiners über das Christentum ist die folgende: Wahres, echtes Christentum fängt in der Menschheit erst dann an, wenn die Menschen sich klarmachen, daß wir es hier nicht mehr mit einer Religion unter anderen zu tun haben, sondern, daß das sogenannte «Christentum» die Erfüllung aller Religionen darstellt. In diesem Sinne ist es auch die Überwindung der «Religion» als solcher, als spezifisch vorchristliches Phänomen.

Das Wesen der Religion vor Christus – und jeder «Religion» im eigentlichem Sinne – ist zu sehen in den *menschlichen* Bemühungen, Umgang mit der Gottheit zu pflegen. Die religiöse Übung und die religiöse Praxis – sei es Gebet oder Kultushandlung oder anderes noch – sind Taten *der Menschen.* Auch die Theologie ist etwas, was an Weisheit oder an Gedankengut über die Gottheit im Menschen lebt, wenn auch der Ursprung in der göttlichen Offenbarung zu suchen ist.

Wahres Christentum ist dagegen nicht in erster Linie eine Religion der Menschen, sondern – wie Rudolf Steiner zu sagen pflegt – zunächst eine «Götterangelegenheit». Die geistigen Hierarchien, von den Engeln bis hinauf zu den Seraphim, waren schon lange mit einem ihnen unlösbaren Rätsel konfrontiert. Dasjenige, was die Menschen «Tod» nannten, war ihnen völlig unbekannt. Und doch kam zu ihnen immer stärker von den Menschen die Klage über Leiden und Tod.

So wurde im Rat aller göttlich-hierarchischen Wesenheiten der Entschluß gefaßt, den Sonnengenius als ihren liebenden Stellvertreter auf die Erde zu schicken um den menschlichen Tod zu erfahren. Mit ihnen und ihnen allen zuliebe faßte das Wesen der Liebe den Entschluß, *Mensch zu werden,* um auf diese Weise selber erfahren zu können, was jeder Mensch erlebt, der durch den Tod – auch durch den täglichen Tod – hindurchschreitet.

So hielten alle Engelwesen den Atem an, als das Blut auf Golgatha floß und der Sonnengeist vom Leib Abschied nahm. Höchste Erwartung war im ganzen Kosmos da: Was wird ER uns über den menschlichen Tod zu sagen haben? Wird er auch darüber klagen, als über die Existenzbedrohung schlechthin, wo der Mensch meint zu «sterben» und aufhören zu sein?... Oh, wie kann der Mensch sich den *kosmischen Jubel* vorstellen, der im Himmel erlebt wurde, als allen göttlichen Wesen am Ostersonntag Christus die Kunde brachte: den Tod des Menschenwesens *gibt es nicht!* Die Menschen haben Angst vor etwas, was es gar nicht gibt. Die Wirklichkeit dessen, was sie «Tod» nennen, ist nur ihre Angst davor, nicht fortbestehen zu können als rein geistige Wesen wie wir... Der Sündenfall ist der Fall des Menschenbewußtseins in die Illusion des Todes. Das Menschen*bewußtsein* muß erlöst werden. Der Tod ist nur eine Bewußtseinstatsache...

Auf welche *Art und Weise* es für die Sonnenwesenheit möglich wurde, als göttliches Wesen real in sich den Menschentod zu erleben, ist eines der tiefsten und auch kompliziertesten Mysterien, die es gibt. Zum allmählichen Lüften dieses Mysteriums hat gerade die Geisteswissenschaft Rudolf Steiners sehr vieles beizutragen. Auch hier mußte ein *Seelisches* die Verbindung zwischen einem rein geistigen Wesen – Christus – und dem leiblichen Element ermöglichen.

Rudolf Steiner schildert, wie schon vor dem Mysterium vom Golgatha dreimal durch die Vermittlung einer menschheitlichen Seelensubstanz, der Schwesterseele des Adams, die unschuldig im Paradiese geblieben war, eine Verbindung des Sonnenwesens mit der Menschheit zustande kam. Die künftige nathanische Seele des Lukas-Evangeliums wirkte damals als eine Erzengelseele, welche die Fähigkeit hatte, unendliches Mitleid zu empfinden für die leidende Menschheit. Dreimal konnte das Sonnenwesen sich in dieses *Seelische* hinein versenken, noch nicht direkt in ein Leibliches wie beim Mysterium von Golgatha. Das erste Mal wurden die Sinne, das zweite Mal die Lebensorgane, das dritte Mal die Seelenkräfte «erlöst», das heißt in menschengemäße Ordnung gebracht. Beim vierten Mal, beim Mysterium von Golgatha, sollten die Ich-Kräfte harmonisiert werden. Durch die Vermittlung der Seele eines Erzengelwesens konnte das Sonnenwesen jedes Mal Mitleid mitempfinden für die Geschicke der Menschheit.

Auch beim vierten Mal, beim Mysterium von Golgatha, war es wiederum durch die Vermittlung eines Seelischen, daß Christus die Möglichkeit hatte, in sich real zu erleben zum Beispiel die Angst, die jeder Mensch vor dem Tode erleben muß.

Die «Himmelfahrt» und die dreifache «Höllenfahrt»

Die Erfahrung des Todes war entscheidend für die Menschwerdung des Christus. Die Inkarnation, das Eintreten in das Fleisch, wird erst dann bis zum Ende erlebt, wenn der Tod erlebt wird.

Von «Tod» zu sprechen, hat einen Sinn in dem Maße, in dem der Mensch dasjenige versäumt in sich zu entwickeln, was niemals sterben kann. Wenn aber der Mensch bestrebt ist, den unvergänglichen Wesenskern in sich zu erkraften und immer wesenhafter zu machen, der von Leben zu Leben schreitet und keinen

Tod kennt, wenn er bestrebt ist, freie Individualität, wesenhaft-geistige Ichhaftigkeit in sich zu entwickeln, kann der Tod ihm nichts anhaben.

Diese «Unsterblichkeit» ist aber, wie schon erwähnt, keine Sache des Automatismus, sondern der individuellen Entwicklung. So geht es darum, daß jeder Mensch sich eine immer wesenhaftere Unsterblichkeit erst *erringt.*

Die kosmische Dimension des Christus-Ereignisses drückt sich in dem aus, was «Höllenfahrt» und «Himmelfahrt» Christi genannt wurde. Das Christus-Bewußtsein ist der höchstmögliche «Himmel» in unserem Entwicklungszyklus. Christus ist selbst der wesenhafte Himmel. Einen anderen Himmel gibt es nicht. Jedem Menschen sagt er, indem er die Erde zu seinem Leib macht: Ich bin mit euch bis zum Ende der Erdenzeiten. So ist Christus die ganze zweite Hälfte der Entwicklung mit der Erde verbunden und auf der Erde zu finden.

Die sogenannte Himmelfahrt Christi ist nicht zu verstehen als ein Weggehen, als ein Verlassen der Erde durch Christus. Im Gegenteil: Christus stiftet auf der Erde den Himmel. Er wird selber zum wesenhaften Himmel der Erde und der Menschheit. Dadurch, daß er durch seine geistige Gegenwart aus der Leiblichkeit der Erde die Gesamtbedingungen und das Gesamtmaterial für die Entwicklung des Menschen in der Freiheit macht, ist seine «Himmelfahrt» in Wirklichkeit eine «Erdenfarht».

Wir können sagen: Christus dringt mit seinem Tod in

eine *dreifache Hölle* hinein, um dort selber zum Himmel zu werden.

Die erste Hölle war die Finsternis im Bewußtsein der Hierarchien über den Tod. Diese Finsternis wird von Christus in Licht verwandelt. Die Hierarchien wissen jetzt dank dem Christus, woran sie selber sind in ihrer Begleitung der Menschen. Die zweite Höllenfahrt ist der Hingang des Christus zu den verstorbenen Menschen, die – wie Achilleus dem Odysseus mitteilt – eine reale Bewußtseinsverdunkelung und ein Schattendasein ohne ihn erlebten. Der Tod und das Sterben Christi ist selber der Hingang zu den Toten: ihnen verleiht er erhelltes Bewußtsein. Ich-Bewußtsein wird durch ihn für den Menschen auch nach dem Tode möglich gemacht. Die dritte Höllenfahrt – die zur Himmelfahrt wird – ist das Eindringen Christi in die Gesamtkräfte der Erde, in alle Kräfte der Natur.

So hat auch die Höllen-Himmelfahrt Christi eine geistige, eine seelische und eine leibliche Dimension: es ist ein Ereignis für die geistigen Hierarchien, für die Menschheit und für die Erde. Dies alles ist gemeint, wenn in der Geisteswissenschaft Rudolf Steiners vom Christus-Geschehen als von einem umfassenden *kosmischen* – himmlischen, menschheitlichen und chthonischen – Geschehen gesprochen wird.

Das Mysterium von Golgatha als ökologisches Urphänomen

Das Mysterium von Golgatha kann im Goetheschen Sinne als das *ökologische Urphänomen* in der Entwicklung der Erde und der Menschheit betrachtet werden. Im Christus-Ereignis zeigt sich auf urbildhafte Weise, wie das Wesen der Liebe mit der Erde umgeht. In der Art und Weise, wie die Christus-Wesenheit die Natur behandelt, haben wir dargestellt, wie der Mensch in der Nachfolge Christi mit ihr umgehen sollte.

Wir haben auf der einen Seite den Tod am Kreuz, wo das Blut in die Erde hineindringt und die Erde tränkt. Dieses Herunterfließen des Blutes von den Wunden des Erlösers in die Erde hinein wird begleitet von einem übersinnlichen Phänomen, von einer Ätherisation des Blutes des Erlösers. Dieses ätherisierte Blut verleiht der Erde eine neue geistige Aura, in der alle Kräfte der kosmischen Liebe enthalten sind. Diese Kräfte schaffen die Bedingung dafür, daß aller Egoismus, der im Blute des Menschen seine physische Grundlage hat, im Laufe der Entwicklung geläutert und verwandelt werde in die Kraft der Liebe.

Dies ist ganz real zu nehmen als ökologisches Urphänomen. Rudolf Steiner schildert: Wenn irgendein Wesen vom Mars oder von der Venus her die Erde die ganzen Jahrtausende vor Christus hindurch hätte beobachten können und sie dann geschaut hätte in den Stunden des Sterbens Christi am Kreuz, so hätte es von den Weiten des Kosmos eine gewaltige Wandlung in der Aura der Erde wahrgenommen. Die Erde leuchtet auf mit ganz neuen Farben als Ausdruck der Tatsache, daß sie die Gesamtkräfte der Liebe in ihre geistige Aura empfängt.

In dieser übersinnlichen Aura lebt jeder Mensch während der ganzen zweiten Hälfte der Entwicklung. In dem Maße, in dem jeder Mensch in seiner Freiheit sich mit diesen Christus-Kräften verbindet, bekommt er die Möglichkeit, teilzuhaben an derselben Läuterungskraft der Liebe über den Egoismus, an derselben Siegeskraft der Freiheit über die Notwendigkeit, die im Blute wirkt.

Das zweite, was zu diesem ökologischen Urphänomen gehört, besteht darin, daß durch die *Grablegung* die materielle Füllung des physischen Leibes hineindrang wie Staub in eine Spalte der Erde, die durch das Beben geöffnet wurde. So empfing die Erde die Kommunion des Leibes Christi, nachdem sie sich mit seinem Blut durchtränkt hatte. Aus dem leeren Grab erhob sich die rein geistige Auferstehungsleiblichkeit. Alle übersinnlichen Formkräfte des physischen Leibes des Menschen als synthetisches Kräftesystems, das alle Formkräfte der Steine, der Pflanzen und der Tiere in sich zusammenfaßt, sind in der Auferstehungsleiblichkeit Christi enthalten. In diesen Kräften ist die zweite ökologische Aufgabe des Menschen verborgen.

Die erste ist die ökologische Aufgabe der Liebe: allen Egoismus zu läutern durch die Kraft der Liebe. Die zweite ist die Aufgabe des Denkens: alle Kreatur in die

Auferstehung des Logos in ihr zu bringen, sie zu erlösen von den Kräften der Schwere. Dies geschieht dadurch, daß der Mensch jedem Ding durch sein Denken eine Auferstehungsleiblichkeit verleiht. Die Erde wird in einen Leib der Liebe verwandelt durch Überwindung des Egoismus und in einen Leib des Logos durch die Auferstehung des Fleisches im denkenden Menschengeiste.

Naturordnung und moralische Ordnung wieder eins

Zur kosmischen Wirklichkeit und Wirksamkeit des Mysteriums von Golgatha als ökologisches Urphänomen gehört die Wiedervereinigung von natürlicher Ordnung und moralischer Ordnung.

Der Mensch hat sich schon längst daran gewöhnt, diese zwei Bereiche als voneinander getrennt zu erleben. Die Naturordnung ist auf der einen Seite da mit ihren ehernen Naturgesetzen und Naturkräften. Als zweite, von der ersten getrennte Welt erlebt der Mensch seine Innerlichkeit: seine Gedanken, seine Gefühle, seine Willensimpulse, seine Ideale. Er weiß, daß seine Ideale der Natur nichts anhaben können. Sie können unmöglich so real wirksam werden wie ein Erdbeben oder ein Gewitter.

Die Trennung zwischen Natur- und moralischer Ordnung gehört auch zu den Notwendigkeiten der Entwicklung. Es mußte so werden, daß dasjenige, was der Mensch moralisch in sich hegt, nicht unmittelbar

Naturfolgen hat und Naturwirkungen hervorruft. Nur so wurde menschliche Freiheit möglich, denn es wäre ganz unmöglich für den Menschen in der Freiheit die Handhabung seiner Innerlichkeit zu erleben, wenn jeder Gedanke, jedes Gefühl, jeder Willensimpuls sofort natürliche Folgen haben würde. Gerade dank der Tatsache, daß die innerlich-moralische Ordnung nicht direkt eingreift in die Kräfte des Physischen, sondern zunächst fast nur innerliche Folgen hat, kann sich der Mensch *frei* fühlen.

Diese «Trennung» ist keine absolute, sondern sie besteht in Wirklichkeit in einer Verschiebung in der Zeit. Ein Grundunterschied zwischen göttlichem und menschlichem Wirken – auf der jetzigen, mittleren Stufe der Entwicklung – besteht darin, daß das göttliche Wirken direkt und unmittelbar, das heißt gleichzeitig ein Naturwirken und ein Naturschaffen ist. Die Gedanken der göttlichen Wesen sind zugleich Taten im Naturgeschehen. Beim Menschen bleibt seine moralische Welt *zunächst* rein innerlich. Der Mensch handelt zwar aufgrund seiner Gedanken und seiner Gefühle, diese wirken aber nur sehr begrenzt gleichzeitig in der Leiblichkeit des Kosmos. Erst in einer späteren Zeit treten die wahren Folgen im Physischen auf.

Gerade diese Verschiebung in der Zeit macht es für den Menschen schwer, die Wirkungen im Physischen, die er im Laufe der Zeit hervorruft, auf ihre wahren Ursachen zurückzuführen. Er hat sich daher daran gewöhnt, zu denken, daß die Welt seiner Innerlichkeit gar keine Wirkung ausübt in der Welt der Natur, weil er nur das gleichzeitige Vorhandensein von Ursache und Wirkung im Anorganischen überschauen und verstehen kann.

Auf diese Weise ist das Bewußtsein der Wiederverkörperung verlorengegangen. Denn das Gesetz der Wiederverkörperung ist die spezifisch menschliche Art, moralische Ordnung und Naturordnung in eine Wechselwirkung in der Zeit von Ursache und Wirkung zu bringen. Was der Mensch in einem Leben als moralische Ordnung in sich erzeugt, wird *im nächsten Leben* zum Formgesetz der Leiblichkeit und der äußerlich-natürlichen Wirklichkeit des Karma.

Durch diese schwer durchschaubare «Verschiebung» in der Zeit erlangt der Mensch ein Bewußtsein der Freiheit in der Handhabung der moralischen Phänomene. Diese «Freiheit» kann aber im eigentlichen Sinne nur eine Unwissenheit sein, die «Willkür» möglich macht. Das willkürliche Handeln ist die erste, negative Phase der Freiheit, die überwunden werden will durch das bewußte, freiheitliche Wollen des objektiv Notwendigen.

Die Wiedergewinnung des Bewußtseins der Wiederverkörperung – der notwendigen Abhängigkeit der Naturordnung als Wirkung von der moralischen Ordnung als Ursache, wenn auch zunächst auseinandergezogen in der Zeit – ist eine wesentliche Voraussetzung zum Erfassen des Mysterium von Golgatha als kosmisches Urphänomen der «Wiedervereinigung» von Naturordnung und moralischer Ordnung.

Die jetzige Leiblichkeit ist der Niederschlag dessen,

was der Mensch moralisch im vorigen Leben geworden ist. Diese Verschiebung in der Zeit, die im Bewußtsein des Menschen ein Gesamterlebnis der Entfremdung von der Natur hervorgebracht hat, wird wieder zu einer Gleich-Zeitigkeit gebracht im Mysterium von Golgatha. Die gegenseitige Entfremdung zwischen Mensch und Natur wird aufgehoben in allem und durch alles, was Christus vollbringt.

Darin liegt einer der wesentlichsten Unterschiede zwischen menschlicher Wesenheit auf der jetzigen Stufe der Entwicklung und göttlicher Wesenheit. Der Mensch erlebt die «Sonderung» von Natur und Moral, die er als Naturtatsache, als Naturgesetz mißdeutet, statt sie als Bewußtseinstatsache richtig zu erfassen. Das Erklimmen der «göttlichen» Bewußtseinsstufe des Daseins von Seiten des Menschen besteht darin, daß er in seinem Geist so schöpferisch wird, daß seine Schöpfungen so «natürlich» wie die göttlichen werden.

Das Göttlich-Schöpferische der Sonne und die Naturgeschöpfe der Erde werden wieder vereinigt vom Wesen der Liebe, das aus der Erde eine Sonne macht. Der Mensch folgt ihm nach in der Nachahmung dieser kosmischen Wiedervereinigung.

Es sind keine leeren Bilder, die im Evangelium vorkommen, wo davon die Rede ist, daß beim Sterben des Wesens der Liebe die Sonne sich verfinstert und die Erde bebt. Sonne und Erde machen das Geschehen real mit. Das Urphänomen des Moralischen – das Opfer der Liebe – geht sie direkt an, ist zugleich das Urphänomen des Natürlichen – die Auferstehung des

Fleisches. Im Laufe seiner Entwicklung will der Mensch dieses Mysterium immer besser verstehen und selbst mitvollbringen. Die Jahrtausende nach dem Christus-Ereignis sind für die «Nachfolge» Christi da, um Stufe um Stufe Wiedervereinigung von natürlicher Ordnung und moralischer Ordnung hervorzubringen. Die Sehnsucht aller Kreatur ist die sie verwandelnde Liebe des Menschen.

Die Mysterien-Einweihung als geschichtliche Tatsache

Diese Gedanken über das Wesen des Christentums, können vielleicht zum Abschluß gebracht werden durch den Hinweis auf eine andere Tatsache, worin sich zeigt, daß das Christentum die Synthese und die Erfüllung aller Religionen der Menschheit darstellt.

Das Christus-Ereignis ist eine göttliche Tat, die *alle Einweihungen der alten Mysterien* in sich vereinigt und zur Erfüllung bringt. Durch das Mysterium von Golgatha wird die Einweihung «veröffentlicht» und so jedem Menschen zugänglich gemacht. Als historische Tatsache entfaltet sich vor den Augen aller Welt, was in den alten Zeiten nur in der Verborgenheit der Mysterien – nur wenigen Auserwählten zugänglich – geschehen durfte.

Wo die Entscheidung getroffen wird, Jesus Christus zu töten, wird als der Grund der Verrat der Mysterien, zum Beispiel durch die Auferweckung des Lazarus, die eine ein Einweihung darstellt, angegeben. Das Universelle des Christentums besteht darin, daß alle Mysterien der Einweihung universell zugänglich gemacht werden. Alles, was notwendig ist, um in die geistige Welt einzudringen, die Einweihung, wird zur freiheitlichen und individuellen Entwicklungsaufgabe jedes Menschen gemacht. Das Christus-Wirken wird zur real-geistigen Einweihung jedes Menschen. Er weiht die Seele des Menschen zum Geist: der Mensch, der sich durchchristet, dringt in die geistige Wesenhaftigkeit des ganzen Kosmos allmählich ein. Der Hörer des Wortes – der Mensch – wird selbst zum schöpferischen Weltenwort.

In seinen Vorträgen über das Markus-Evangelium schildert Rudolf Steiner, daß zum Wesen des Mysteriums von Golgatha die kosmisch-göttliche Entscheidung des Sonnenwesens dazu gehört, jedes Zögern zu überwinden und den gigantischen Entschluß zu fassen, die Einweihung der alten Mysterien als historische Tatsache vor den Augen aller Welt zu vollbringen. Der Tod und die Auferstehung Christi *ist* das Wesen aller Einweihung. In dieser kosmisch-göttlichen Einweihung ist die Gesamtheit der Entwicklung des Menschen in der Freiheit enthalten. Durch den Tod und die Grabesstille der physischen Welt hindurch bringt der Mensch eine neue, eine Auferstehungs-Erde hervor.

Nicht er stirbt ab als schöpferisch-geistiges Wesen in den Niederungen der natürlichen Ordnung – *sie* tritt hervor, verjüngt und vermenschlicht in der Auferstehung des Menschen.

Die Entscheidung Christi, das Mysterium der Einweihung zu «veröffentlichen», wurde zunächst ausgeführt in der *Auferweckung des Lazarus.* Eine Woche später kam die Erfüllung aller Erwartungen, aller Mysterienschulen und aller Eingeweihten. Durch das Leiden, das Sterben und das Auferstehen des göttlichen Menschen und des menschgewordenen Gottes wurden die Erfahrungen aller Mysterien und aller Religionen – alle Wege zurück in die geistige Welt – in universellmenschheitlicher Urbildhaftigkeit vollzogen als historisches Ereignis.

Die alte Einweihung wurde dadurch jedem Menschen zugänglich gemacht, daß sie als sinnlich-historisches Ereignis für jeden *wahrnehmbar* – und dadurch *denkbar* – gemacht wurde. Das Wort ist Fleisch geworden: das geistige Wesen aller Dinge ist sinnlich wahrnehmbar geworden, um sich zur Gesamtaufgabe der denkerischen Freiheit des Menschen zu machen. So wird durch das Mysterium von Golgatha die Einweihung wahrnehmbar gemacht, um jedem Menschen die Möglichkeit zu geben, in das Mysterium des Todes denkerisch einzudringen, um liebend die Auferstehung des Fleisches im Denken zu feiern. Die Vollendung jeder Religion ist die Auferstehung des Menschen.

In der Fleischwerdung des Logos faßt sich zusammen jede Geburt: das Entstehen aller Dinge, um sich wahrnehmbar zu machen für den Menschen. Im Mysterium von Golgatha faßt sich zusammen jeder Tod als Einweihung in die Auferstehung im Geistigen hinein.

Wenn wir alles bisher Gesagte berücksichtigen, können wir verstehen, was Rudolf Steiner meint, wenn er sagt: das Christentum ist nicht eine Religion unter anderen, sondern die Erfüllung und die Vollendung aller Religion.

«Religion» im eigentlichen Sinne ist das Streben nach dem Göttlichen von Seiten des Menschen. Das Mysterium von Golgatha ist aber die Antwort der göttlichen Welt auf dieses religiöse Streben der Menschheit, um es *zur Erfüllung* zu bringen.

Durch die Tat des Wesens der Liebe und durch die mystische Tatsache des Mysteriums von Golgatha ist die menschliche Natur mit göttlichen Kräften durchdrungen worden. Das Wesen der Liebe hat die menschliche Natur zur Natur der Liebe gemacht. Die prinzipielle Kluft zwischen dem Menschlichen und dem Göttlichen ist in ihm aufgehoben worden. Die Religion der Zukunft ist der Mensch, der die Vergöttlichung von Mensch und Erde als Aufgabe der Freiheit und der Liebe ergreift und erfüllt.

VI.

Das Rätsel des Islam und das vergangene Christentum

Die Betrachtung des Christus-Mysteriums hat uns auf den höchsten Gipfel der Menschheitsentwicklung gebracht, von dem aus ein Überblick über die großen Ideale der Zukunft eröffnet wird. Dies macht es um so notwendiger, die Warnung davor ernst zu nehmen, ewig nur auf diesem Gipfel verbleiben zu wollen – wie Petrus auf dem Berg der Verklärung.

Was als umfassendes Ideal zunächst geahnt wird, soll sich in die Täler des täglichen Lebens herabsenken, um dieses tägliche Leben allmählich in allen seinen Aspekten zu befruchten und zu verwandeln. So wollen wir auch heruntersteigen, um das reale Leben der Menschen während der zweitausend Jahre nach dem Christus-Ereignis zu betrachten.

Was sollen wir erwarten, wenn wir von der Christus-Tat auf die Taten der Menschen übergehen? Wir sollen erwarten, daß die Menschen *erst ganz am Anfang* der Verwirklichung dessen stehen, was als Gesamtideal der Zukunft im Mysterium von Golgatha vollbracht worden ist. Dies bedeutet wiederum: sowohl im Verstehen wie auch im Handeln der Menschen blieb zunächst das meiste beim alten. Es war wohl in vielen eine tiefe Gemütsempfindung vorhanden – man hat sie «Glaube» genannt –, daß die Christus-Tat die «Erlösung» des Menschen bedeutet, die große Wende der Entwicklung. Weil man aber noch kaum *erkenntnismäßig* die praktischen Lebensfolgen für die Freiheit des Menschen ermessen konnte, hat man die Erlösung zunächst fast ausschließlich als «Gnade» Christi aufgefaßt, die dem Menschen geschenkt wird, der sich ihr öffnet.

So muß ich auch den Leser an diesem Punkt warnen: Er soll die innere Dramatik nicht unterschätzen, die in den letzten zweitausend Jahren entstanden ist. Er darf nicht erwarten, daß die Entwicklung der Religion *nach* Christus genau so «positiv» wie *vor* Christus ablaufe. Vor Christus hatte die göttliche Gnade die Führung inne; nach Christus wird die menschliche Freiheit immer maßgebender.

Sowohl im vergangenen Christentum wie auch im Islam lebt noch unendlich vieles von dem, was vor Christus das Zeitgemäße war. Dies darf einerseits nicht moralisierend verurteilt werden – indem seine Begründung in den Notwendigkeiten der Entwicklung erfaßt wird –, aber anderseits auch nicht verschleiert oder heruntergespielt werden. Wenn wir dieses letztere täten, könnten wir unmöglich die heute so dringend notwendige Erneuerung der Religion ins Auge fassen und in Angriff nehmen.

Die Freiheit als Kriterium des Guten und des Bösen

Wenn wir die Entwicklung der Menschheit nach dem Christus-Ereignis verfolgen, wird uns bewußt, wie notwendig es ist, in der Struktur der Entwicklung überhaupt die notwendige Wechselwirkung zwischen Kraft und Gegenkraft zu berücksichtigen. Die Zeit nach der Wende ist die Zeit der Endgültigkeit und der Vollendung der *Bedingungen* für das Erlangen der Freiheit. Freiheit ist aber nur dadurch möglich, daß immer auch vorhanden ist die Totalität der nötigen Gegenkräfte. Jede Kraft kann sich nur entwickeln und verstärken dank der Gegenkraft. Das göttliche Gute erlangt seine Kulmination, seine Vollendung für den Menschen in der Vervollständigung aller notwendigen Bedingungen für sein Mitschöpfertum. Gleichzeitig muß auch die Gesamtheit und die Vollständigkeit der Gegenkräfte entstehen.

Der Sinn der «Wende» der Entwicklung – der «Fülle der Zeit» – besteht darin, daß eine reale *Gabelung* sich vollzieht, wenn auch zunächst anfänglich. Diese Gabelung liegt im Wesen der Freiheit selbst begründet. Wo noch kaum Freiheit vorhanden ist, da geht die Entwicklung gottgeleitet und notgerichtet im Sinne des Göttlichen selbst. Da kann der Mensch noch nicht im eigentlichen Sinne wählen zwischen Gut und Böse. Alles hat noch in einem gewissen Sinne einen vorbereitenden Charakter.

Der Grundcharakter der Entwicklung nach der Wende besteht dagegen darin, daß Endgültigkeit entsteht durch das Hinzukommen der Freiheit des Menschen, die dadurch eine reale Gabelung bewirkt. Diese Gabelung als «Scheidung der Geister», die jetzt erst beginnt, muß sich immer weiter radikalisieren.

Das Gute und das Böse des Menschen intensiviert sich durch die Radikalisierung der Kraft der Freiheit. Dies bedeutet aber auch zugleich, daß die *Freiheit* selbst immer mehr zum ausschließlichen moralischen Kriterium des Guten und des Bösen gemacht wird: *gut* ist alles dasjenige, was den Menschen freier macht, *böse* ist alles dasjenige, was den Menschen weniger frei macht.

Die Realisierung der Freiheit ist das moralische Gute schlechthin in dem Sinne, daß der Mensch sich immer wesenhafter mit göttlichen Kräften durchdringt. Er wird immer ichhafter, immer schöpferischer, immer «göttlicher». Das Göttliche ist das Urgute für den Menschen, und die immer wesenhaft werdende «Freiheit» des Menschen besteht im Erlangen göttlicher Schöpferkraft.

Das Böse kann dagegen nur verstanden werden als ein Versäumen der schöpferischen Freiheit. Alle äußerlich-autoritativ festgelegte Kriterien werden immer mehr hinfällig. Im Zeitalter der Freiheit kann man nur dadurch begründen, daß irgend etwas für den Menschen ein Böses ist, daß man auch nachweisen kann, daß durch dieses der Mensch als solcher etwas weniger frei wird. Nur aus diesem Grunde kann es als ein Böses betrachtet werden. In der wesenhaften Wirklichkeit der Freiheit ist die Gesamtheit des moralisch Guten enthalten. Es muß der Mensch nur lernen, die Freiheit noch viel wesenhafter und reiner zu fassen, als das üblicherweise getan wird.

Die Freiheit ist nicht eine Dimension des Menschen unter anderen, sondern sie ist sein *Wesen.* Was den Menschen weniger frei macht, macht ihn weniger «menschlich». Im Verlust seiner Menschlichkeit ist das moralisch Böse schlechthin.

Im Evangelium bekommt einer der zwölf Apostel von Christus den Namen «Petrus», das heißt Fels, Stein. Er repräsentiert den Menschen, der sich zunächst immer tiefer mit dem Mineralisch-Toten der Kräfte der Natur verbindet und in ihm aufgeht. Diesem Petrus-Menschen sagt Christus, daß er ihm unmittelbar «nachfolgen» soll (Joh. 21,22). Der andere Jünger, der, den der Meister liebte, muß dagegen warten, bis er wiederkommt.

Das Petrus-Schicksal ist das Schicksal der ersten Phase des Christentums, die dem Christus-Ereignis unmittelbar «nachfolgt». Die Menschheit muß zunächst noch tiefer in den Materialismus hinuntersteigen. Dieses «Petrinische» erlebt erst in unserer Zeit seine Kulmination. Das Wesen der Freiheit ist die Überwindung des Determinismus der Natur. Um den Materialismus überwinden zu dürfen, muß man ihn zunächst voll erlebt haben, sonst hätte man nichts zu überwinden. Christus sagt daher voraus, daß die Kultur des «christlichen»Abendlandes zunächst eine Kultur des Petrus-Menschen sein muß.

Damit ist noch etwas anderes gesagt. Christus ist in die Menschheit gekommen, um die Kräfte in der Menschennatur zu erzeugen, die individuelle Freiheit ermöglichen. Das Christus-Wirken ist dem Naturwirken polar entgegengesetzt. Das Natürliche wirkt mit Notwendigkeit, schließt die Freiheit aus; das Christus-Wirken will im Gegenteil jede Notwendigkeit zur Bedingung der Freiheit machen.

In anderen Worten: Die Wirksamkeit des Wesens der Liebe drängt sich nicht auf. Sie kann nur Möglichkeiten anbieten und Fähigkeiten erwecken: der Mensch muß sie frei ergreifen und ausüben. Dem Christus-Wirken gegenüber ist die freie Stellungnahme des Menschen das Entscheidende, nicht dasjenige, was Christus dem Menschen «antut» – denn er bietet nur an. So ist die Geschichte des vergangenen Christentums die Geschichte der Anfänge der Stellungnahme von Seiten der Menschen dem Christus-Wesen und seinem Wirken gegenüber. Sie ist die Geschichte der ersten Anfänge der menschlichen Freiheit.

Während der *Anfänge* der Freiheit der Menschen in ihrer Beziehung zum Wesen der Liebe, schreitet das Naturwirken fort, das nicht in den Anfängen begriffen ist, sondern mit der *vollendeten* Gewalt und Berechenbarkeit der Naturgesetze wirkt. Die menschliche Freiheit ist erst am Anfang, die Naturnotwendigkeit ist voll im Gange. Das Freiheitliche muß nicht sein, es kann auch immer wieder versäumt werden – eben weil es frei ist. Das Naturnotwendige muß aber sein – da ist kein Ausweichen.

Es konnte also nicht anders sein: in der ersten Phase des Christentums – der menschlichen Entwicklung in der Freiheit – muß das Deterministische des Materialismus viel kräftiger die Kultur prägen als die zarte Pflanze der Freiheit. Aber qualitativ gesehen ist dieses quantitativ Unscheinbare unendlich mehr wert, und die zukünftige Entwicklung gehört ihm.

Der *Islam* gehört, in seiner Betonung der *Notwendigkeit* sowohl in der natürlichen wie auch in der göttlichen Ordnung, zum Wesen des petrinischen Christentums selbst. Denn dieses Christentum unterscheidet sich in seiner objektiven Wirklichkeit viel weniger vom Wesen des Islam, als man gemeinhin denkt.

Eine Betrachtung des *Islam* würde die Geschichte verzerren, wenn sie von einem einfachen Gegensatz zwischen Christentum und Islam ausgehen würde. Christentum ist nicht gleich Christentum. Die Theorie unterscheidet sich vielfach von der Praxis. Im realen Leben stehen sich niemals Christentum und Islam gegenüber, sondern beiderseits *reale Menschen,* die sich «Muslim» oder «Christen» nennen. Die wichtige Frage ist: Was *lebt* in diesen Menschen, nicht, welche «Religion» tragen sie in ihren Köpfen als Theorie.

So müssen wir, um auch den Islam zu verstehen, weniger auf die christliche Theorie als auf die reale Wirklichkeit des petrinischen Christentums hinschauen. Das erste Jahrtausend wurde mehr vom Glauben geprägt, das zweite mehr von der Wissenschaft. Der *religiöse Glaube* erwartet alles vom Wirken der göttlichen Gnade, das oft als nicht weniger allmächtig angesehen wurde, als im Koran. Die *Naturwissenschaft* hat den Glauben an die Allmacht Gottes mit dem Glauben an die Allmacht der Natur ersetzt: entscheidend in beiden Fällen ist die Ohnmacht der Freiheit des Menschen, die viel muslimischer ist als christlich – im wahren Sinne des Wortes.

Die Triumphe der Wissenschaft und der technischen Eroberung der physischen Welt haben einen Taumel erzeugt, einen inneren Rausch, der den modernen Menschen fast hypnotisiert. Anderseits hat der wissenschaftlich-materialistische Westen in der letzten Zeit zunehmend zurückgegriffen auf die alten östlichen Religionen, auf die östliche Spiritualität. Diese ist aber in ihrer Natur, wie schon gesehen, weltflüchtig. Sie kann nicht dazu dienen, den Materialismus zu überwinden, sondern sie dient vielfach dazu, ihn zu rechtfertigen. Dies geschieht dadurch, daß das Leben zweigleisig läuft: einerseits eine Spiritualität, die mit dem realen Leben oft kaum etwas zu tun hat; anderseits die harte Welt der Konkurrenz und der unbegrenzten Begierden. Also: nochmals Ohnmacht des Menschengeistes der Welt der Materie gegenüber; nochmals ein Christentum, das dem Islam näher steht als einem wahren Christentum.

Die westliche Naturwissenschaft ist ein Produkt der «christlichen» Kultur. Rudolf Steiner wird niemals müde zu betonen, daß diese Wissenschaft in Wirklichkeit vom Arabismus herkommt. Sie ist entstanden unter Ausserachtlassung des Christus-Impulses. Sie hat die Freiheit des Menschen immer wieder als Illusion betrachtet. Die Materie wurde als die einzig wirksame Wirklichkeit angesehen. Nicht die Seele – gar nicht zu sprechen vom Geist – ist Ursache dessen, was im Leibe geschieht, sondern umgekehrt, wenn man überhaupt noch von Seele redet.

Der arabisch-islamische Charakter der modernen

Naturwissenschaft wird von Rudolf Steiner anhand der Forschung der Wiederverkörperung von einzelnen Individualitäten anschaulich gemacht. Dieselben Individualitäten, die alle ihre Kräfte und ihren ganzen Enthusiasmus der Verbreitung des Islam gewidmet hatten, kehren wieder, Jahrhunderte später, und sind die Begründer der modernen, materialistischen Naturwissenschaft. Der innerste Nerv ihres Strebens ist ganz derselbe geblieben. Der allmächtige Allah dort, die allmächtige Natur hier. Beiden ist die Ausschließung der individuellen menschlichen Freiheit gemeinsam.

Wie wichtig ist es zu wissen: Die führenden Wissenschaftler im christlichen Westen der letzten Jahrhunderte waren die Führer der Verbreitung des Islam in ihrer vorigen maßgeblichen Inkarnation. Es sind dieselben Individualitäten! Das Christentum, das sie damals nicht von außen, durch den Krieg, besiegen konnten, erobern sie jetzt von innen durch Aushöhlung, fast unvermerkt, durch die moderne materialistische Wissenschaft. So gesehen, sieht die Geschichte des Christentums und des Islam ganz anders aus, als gewöhnlich dargestellt.

Eine neue Religion nach Christus?

Der Islam ist die einzige Weltreligion, die nach Christus entstanden ist. Aus allem bis jetzt Ausgeführten sollte hervorgehen, daß, wo das Wesen des Christentums wirklich erfaßt wird, auch sein Endgültigkeitscharakter miterfaßt werden muß: sein absoluter Universalismus durch die Vorwegnahme aller künftigen Entwicklungsstufen des Menschen von seiten des Christus-Wesens.

Wenn eine neue Religion nach Christus gestiftet wird, so kann dies nur durch Ignorierung des Christus-Impulses geschehen oder in Opposition zu ihm. Rudolf Steiner äußert sich diesbezüglich unmißverständlich. Er sagt im Vortrag vom 13. April 1922: «Mit dem Ereignis, das darin besteht, daß ein Gott durch das Menschenschicksal der Geburt und des Todes gegangen ist, hat die Erde ihren Sinn bekommen so, daß dieses Ereignis niemals überboten werden kann. Nach dem Christentum – das ist ganz klar für den, der die Begründung des Christentums kennt – kann eine neue Religion nicht mehr begründet werden. Man würde das Christentum unrichtig verstehen, wenn man glauben würde, daß eine neue Religion begründet werden könne.»

Wir haben gesehen: Der Grundcharakter der Religion vor Christus war die *Suche* des Menschen nach Rückverbindung mit dem Göttlichen. Das Christus-Ereignis kehrt das religiöse Phänomen ganz um. Die Suche nach Rückverbindung hört auf, eine Suche zu sein, weil die Gottheit dem Menschen entgegenkommt, so daß das Suchen sich immer mehr sich in ein *Finden* verwandeln kann. In diesem Sinne ist das Hin-Finden zum Christus-Wesen die Erfüllung alles religiösen Suchens der Menschheit. Diese Erfüllung kann nicht das Monopol oder der Besitz einer Kultur und eines Menschen sein, weil sie die Freiheitsaufgabe für *alle* Menschen darstellt. Wahres Christentum entsteht dort, wo die Freiheit des Menschen nicht weniger wichtig wird als die göttliche Gnade. Wahres Christentum ist die Religion der Freiheit des Menschen als Erfüllung des Wirkens der göttlichen Gnade.

Das Wesen des Islam: Monotheismus und Prädestination

Das *Wesen des Islam* als Religion ist wohl zu sehen in seinem radikalen Monotheismus. Die wichtigste Aussage des Korans lautet: «Allah ist der einzige, und Mohammed ist sein Prophet.» Wo Allah als der Einzige dargestellt wird, wird wiederholt der Nebensatz hinzugefügt: «und er hat keinen Sohn.» Diesen Nebensatz kann man nur verstehen in bezug auf die Grundaussage des Christentums, daß der göttliche «Vater» seinen «Sohn» in die Welt geschickt hat.

Wir müssen in dieser prinzipiellen Auseinandersetzung zwei Ebenen voneinander klar unterscheiden. Die eine bezieht sich auf dasjenige, was in der Innerlichkeit der Menschen sich abspielt. Auf dieser Ebene spielt sich auch alles dasjenige ab, was Mohammed als Mensch vom Christentum wahrgenommen oder gedacht hat. Hierher gehört auch alles dasjenige, was die Christen selbst vom Christus-Wesen verstanden oder nicht verstanden haben. Auf dieser menschlichen Ebene gab es sicher beiderseits viele Mißverständnisse bezüglich des Christus-Impulses. Dieser ist ja am Anfang seines Wirkens in der Menschheit. So kann auch die Art und Weise, wie die christliche Trinität vielfach interpretiert wurde, in den Augen Mohammends eine Gefahr des Zurückfallens in den Polytheismus und in die Vielgötterei dargestellt haben. Dies mag wenigstens zum Teil sein eifriges Zurückkehren zum kompromißlosen Monotheismus des Alten Testamentes erklären.

Die andere Ebene ist aber diejenige der *geistigen Wesen*, welche die Inspirationsquelle des Korans darstellen. Diese inspirierende Wesen haben auch ihre Absichten, wenn sie den Satz inspirieren: «Allah ist der Einzige, und er hat keinen Sohn.» Diese geistigen Wesen wissen, wie dieser Satz wirken wird in der Menschheit: er wird das Bewußtsein des Christus-Wesens direkt auslöschen. Aber gerade dieses wollen sie, sonst würden sie nicht diese Inspiration eingeben.

So kann man sagen: Es sind *geistige Mächte,* die den Koran und den Islam in der Menschheit hervorgerufen haben, und diese Mächte haben die Entwicklungsaufgabe, dem wahren christlich-freiheitlichen Element die notwendige Gegenkraft zu bieten. In der einseitigen Betonung des monotheistischen Determinismus äußert sich der geistige Wille, dem Impuls der Freiheit entgegenzuwirken.

Die Auseinandersetzung zwischen Christentum und Islam ist, so gesehen, die irdische Projetion des übersinnlichen Kampfes zwischen christlichen und antichristlichen geistigen Wesen. In der Projektion erscheint vieles verzerrt und verworren. Da ist vieles, was sich «christlich» nennt, viel mehr islamisch als christlich – und umgekehrt. Das reine Urphänomen muß aber auch hier in der übersinnlichen Welt gesucht werden. Nur aus dieser Perspektive können wir zum Beispiel das Heroisch-Temperamentvolle des Kampfes verstehen, der im Mittelalter getobt hat zwischen christlichen Scholastikern und arabischen Aristotelikern. Dazu mehr weiter unten.

Mohammed, der Prophet des Islam, schreibt seine Inspirationen einem geistigen Wesen zu, das er mit dem sowohl dem Judentum wie auch dem Christentum bekannten *Erzengel Gabriel* identifiziert. Im Evangelium ist er der Verkünder der Empfängnis des Jesus von Nazareth. Rudolf Steiner bestätigt aus seiner Forschung im Übersinnlichen, daß diese Erzengelwesenheit in der Tat alle Kräfte der Geburt und des natürlichen Lebens nach den Anweisungen noch höherer Wesen gestaltet.

Es gibt aber nach Christus *zwei* einander entgegengesetzte geistige Mächte, die in den Kräften der Geburt und des Lebens wirken. Diese «Entzweiung» ist durch das Christus-Ereignis in allen geistigen Hierarchien hervorgerufen worden. Es mußte durch Christus eine «Scheidung der himmlischen Geister» geschehen, um in allen menschlichen Bereichen Kraft und Gegenkraft hervorzurufen als Übungsfeld der Freiheit. So auch im Bereich der gabrielischen Wesen: die eine Macht will weiterhin wie vor Christus wirken: sie will alle Naturkräfte weiterhin so gestalten, daß Sie die menschliche Freiheit ausschließen. Man kann sie die vorchristliche gabrielische Macht nennen, die nach Christus weiterhin im vorchristlichen Sinne wirkt. Zu Recht nennt sie Mohammed «Gabriel»: sie vertritt eine Gottheit, die ihre Allmacht durch die Kräfte der *Natur im Menschen* entfaltet.

Die anderen gabrielischen Wesenheiten haben in sich das Christus-Mysterium und das Christus-Wirken aufgenommen und wollen nach Christus die Kräfte der Geburt und der Vererbung so gestalten, daß sie den Menschen nicht übermächtigen, sondern zur Freiheit ermächtigen. Dieser christliche Gabriel will, daß der Mensch die Natur-Kräfte als freilassend erlebe, um seine individuelle Freiheit in Anspruch nehmen zu können.

Die christliche Trinität als Gefahr des Polytheismus?

Es ist nicht leicht, die *Einheit* Gottes voll zu bewahren bei gleichzeitiger Bewußtwerdung der Tatsache, daß die Gottheit in der Entwicklung der Menschheit auf *drei* voneinander ganz verschiedene Weisen wirkt. Die Gefahr droht immer, daß man die dreifache Wirkensweise auf das Wesen und die Natur Gottes selbst zurückbezieht. Aber jede direkte Aussage über die Natur Gottes *an sich* ist im Grunde genommen müßige Spekulation. Der Mensch erlebt nicht – selbst der Eingeweihte nicht – Gott, wie er in sich ist, sondern nur, wie er *im Menschen* wirkt. So versteht man, warum Rudolf Steiner derjenige ist, der am wenigsten Aussagen über die Natur der Gottheit «an und für sich» macht.

In ihrem Wirken in der Welt äußert sich die Gottheit dreifach: erstens «naturnotwendig» in allem Naturwirken. Diese Wirkensweise kann «väterlich» genannt werden, weil sie allem anderen als Grundlage dient und ihm vorangehen muß. Durch diese erste Wirkensweise entsteht alles *Leibliche*.

Die zweite Art des Wirkens der Gottheit bewirkt im Menschen das *Seelische,* die abgeschlossene Innerlichkeit von Denken, Fühlen und Wollen, die zunächst aber reine Empfänglichkeit, reine innere Abbildung und Widerspiegelung des Äußerlichen darstellt.

Die dritte Wirkensweise des Göttlichen – das rein *Geistige* – erlebt der Mensch durch Verwandlung der Passivität der Seele in eine individuelle, freiheitliche Tätigkeit des Geistes.

Im extremen Monotheismus des Islam wird die Trinität ausgeschlossen, dadurch auch die Trinität des göttlichen Wirkens in der Welt und des menschlichen Erlebens dieses Wirkens. Daraus muß ein extremer Fatalismus und Determinismus folgen. Die Unterscheidung zwischen Geist und Materie wird im Grunde genommen aufgehoben, weil die Gottheit genauso allmächtig und deterministisch wirkt wie die Natur selbst. Naturnotwendigkeit und Prädestination sind hier in Wirklichkeit ein und dasselbe.

Die christlichen Scholastiker und der arabische Aristotelismus

Die Tatsache, daß der Islam die Gegenkraft zum wahren christlichen Impuls der individuellen menschlichen Freiheit darstellt, zeigt sich urphänomenal in der mittelalterlichen Auseinandersetzung zwischen der christlichen Scholastik und den islamisch-aristotelischen Denkern, besonders Averroes und Avizenna, die den Arabismus vertraten. Der große Kampf wurde damals um die *individuelle Unsterblichkeit* des Menschen ausgefochten. Wir müssen richtig verstehen, worum es eigentlich geht in dieser prinzipiellen Auseinandersetzung zwischen Christentum und Islam.

Es gibt Bilder, wo in der Mitte ein Thomas von Aquino thront mit einem Buch in der Hand, und unter seinen Füßen – nicht *zu* seinen Füßen, sondern von seinen Füßen getreten! – arabische Denker. Man kann sich vorstellen, daß das Buch, das Thomas in der Hand hält, seine «Summa gegen die Heiden» sei, wo er so temperamentvoll besonders gegen die arabisch-islamischen Aristoteles-Kommentatoren ins Feld zieht. Die Stimmung ist unmißverständlich: es geht hier zwar nicht um einen Krieg mit äußerlichen Waffen, wohl aber um einen gigantischen *Geisteskampf,* mit geistigen Waffen geführt.

Es geht um den Geisteskampf um die *individuelle Unsterblichkeit* des Menschen! Nur ist der heutige Mensch so restlos mit ganz anderen Dingen beschäftigt, daß er nicht verstehen kann, wie eine so vertrackte

– für den heutigen Menschen vertrackte – Frage, damals die Gemüter so hat echauffieren können...

Was haben denn diese arabischen Denker so Schlimmes behauptet? Der maßgebende Averroes hatte – das lag ja schon zur Zeit des Thomas eine Weile zurück – Aristoteles so interpretiert, daß er denkt: jeder Mensch bekommt bei seiner Geburt einen Tropfen des Weltverstandes – des νους (Nous) – in ihn hineingetröpfelt, so daß in jedem Menschen immer nur der allgemeineinheitliche göttliche Weltverstand denkt. Wenn der Mensch stirbt, wenn das leibliche Gefäß sich auflöst, wird dieser Tropfen Weltverstand wieder absorbiert in das Allgemeine. Von individueller Unsterblichkeit des Menschen kann somit keine Rede sein.

Diese Interpretation des Aristoteles paßt gut zusammen mit der Allmacht Allahs: Es ist Allah, der in allen Geschöpfen denkt und der sie lenkt. Sich einzubilden, man wäre selbständig im Denken oder im Handeln, ist reine Illusion. Die religiöse Aufgabe des Menschen besteht gerade darin, diese Grundillusion zu durchschauen und zu überwinden. Die Religion besteht darin, daß der Mensch sich dem allmächtigen Willen Allahs fügt.

Wie steht es aber mit Aristoteles selbst? Diese Frage ist nicht so leicht zu beantworten. Aristoteles ist der erste große Denker, für den die Wechselwirkung mit der Leiblichkeit so entscheidend wird für die Selbsterfahrung des Menschen, daß er den ganzen einzelnen Menschen erst entstehen läßt, wenn die Leiblichkeit auch entsteht. Aristoteles wollte ja, in einem gewissen Gegensatz zu Platon, den Geist überall nur in der Welt der Materie suchen, nicht von ihr getrennt.

Vor der Geburt gibt es bei Aristoteles keinen Menschengeist, der sich schon – etwa durch vergangene Verkörperungen – individualisiert hätte. Aber auch die erstmalige und einmalige Verbindung mit der Leiblichkeit wird nicht – wenigstens nicht deutlich – von Aristoteles als Prozeß der Individualisierung des Menschengeistes dargestellt. Die menschliche Unsterblichkeit liegt in der Erinnerung an die abgelegte Leiblichkeit. Diese ist aber ein Stück göttlich-allgemeiner Naturwirksamkeit und enthält an und für sich nichts Menschlich-Individuelles. So kann man nicht sagen, daß bei Aristoteles klipp und klar die These vertreten sei, daß jeder Mensch nach seinem Tode ein *individuelles* Ich-Bewußtsein aufrechterhält – wo der reale geistige Gehalt dieses Ich eben ein ganz individuelles und einzigartiges sein müßte.

Aber nun sagen sich die christlichen Denker des Mittelalters: mit der averroistischen Interpretation des Aristoteles wird das Wesen des Christentums direkt in Abrede gestellt. Da wird die Würde des Menschen mit Füßen getreten. Christus, als Wesen des Ich, verleiht dem Menschen erst seine Würde dadurch, daß jeder Mensch, dank der Innewohnung Christi in ihm, sich als autonomes, in sich abgeschlossenes und individuelles Ich-Wesen erleben kann. Nur auf diese Weise kann der Mensch zu einem moralisch zurechnungsfähigen Wesen werden – fähig des Guten und des Bösen –, weil er der individuellen Freiheit fähig ist.

Die Scholastiker wollten also beweisen, daß der Mensch ein individuell freies Wesen ist, individuell zurechnungsfähig und verantwortlich für seine Taten – und daher auch individuell unsterblich. Aber gerade hier lag – und liegt bis heute – das große Mißverständnis. Wenn der Mensch als Mensch frei *ist,* so ist er *von Natur aus* frei, also nicht frei! Das Christliche, das die Scholastiker verteidigen wollten, war also auch in ihnen ganz am Anfang, weil sie die immanente Struktur der Freiheit noch nicht ganz in der Perspektive der Entwicklung sehen konnten. Denn die Grundaussage über die Freiheit des Menschen kann nur lauten: der Mensch *kann* frei *werden,* muß aber nicht, sonst wäre er nicht frei.

Die christlichen Denker sagten: Der Mensch *ist* frei. Die islamischen Denker sagten: Der Mensch *ist nicht* frei. Beide können recht haben. Jeder Mensch entscheidet durch seine reale Entwicklung, ob er dem einen oder dem anderen recht gibt – nicht durch das Beweisen einer Theorie, sondern durch dasjenige, was er wird oder auch nicht wird.

Das Ringen um die individuelle Unsterblichkeit

Es geht also nicht darum, individuelle Unsterblichkeit einfach zu beteuern oder zu «beweisen», sondern vielmehr darum, durch reale Entwicklung des eigenen Wesens, durch reale Übung der Ichhaftigkeit, das Individuelle immer wesenhafter, immer substantieller und ursächlicher zu machen, so daß der Mensch nicht nur in der Theorie, sondern in der realen Selbsterfahrung die Berechtigung hat, von einer solchen Ichhaftigkeit zu sprechen, die auch ohne Hilfe der Leiblichkeit, auch jenseits des Todes als selbständige und individuelle geistige Wesenheit fortbestehen kann. Kein Mensch kann nach dem Tode ichhafter sein, als er im Leben geworden ist.

Es gibt Vorträge Rudolf Steiners, wo er die erschütternden inneren Kämpfe der Scholastiker schildert. Tagsüber haben sie die individuelle Unsterblichkeit mit aller Kraft und mit allen Argumenten verteidigt, weil für sie das Wesen des Christentum an dieser Frage hing. Im Schlaf oder auch in Momenten der Entrückung erschien ihnen Averroes selbst, der schon längst Verstorbene. Und Averroes als Verstorbener bewies ihnen das Gegenteil!

So hatten manche Scholastiker noch die Fähigkeit, übersinnlich den Averroes wahrzunehmen, so wie er nach seinem Tode geworden war. Er hatte behauptet: Der Mensch kann nicht nach dem Tode als selbständige geistige Individualität fortbestehen. Seine Gedanken lösen sich wieder auf im allgemeinen Weltverstand. Averroes selbst erschien nun diesen christlichen Scholastikern und beirrte ihnen das Gemüt, weil er ihnen die Richtigkeit seiner Aristoteles-Interpretation buchstäblich «vor Augen führte». Die Gedanken des Averroes waren in der Tat solche – Freiheit- und Ichverneinend –, daß sie nichts Individuelles zurückließen und sich ganz in den allgemein-einheitlichen Weltverstand aufgelöst hatten.

Worum die Scholastiker gerungen haben, ist die Einsicht in die Tatsache, daß der Sinn der wiederholten Erdenleben darin besteht, daß die lange Entwicklung gerade dazu da ist, um im Laufe der Zeit eine immer wesenhaftere Ichhaftigkeit und individuelle Unsterblichkeit entstehen zu lassen.

Wenn das Reich der Naturnotwendigkeit mit Notwendigkeit wirkt und wenn das wahre Christliche dasjenige ist, was in der Freiheit geschieht – aber nicht geschehen muß –, könnte einem die Frage auf der Seele brennen: Warum hat die geistige Führung der Menschheit noch besonders eine Religion der Betonung des Naturnotwendigen entstehen lassen, wenn der Impuls der Freiheit von vornherein mehr als genug Gegenkraft von allen Kräften der Natur bekommt?

Rudolf Steiner schildert in diesem Zusammenhang, was beabsichtigt war in der glänzenden *Akademie von Gondischapur* um die Wende vom achten zum neunten Jahrhundert. Der große Herrscher Harun al Raschid hatte um sich die besten Vertreter der östlichen und der griechischen Weisheit geschart. Wenn es im Sinne gewisser geistiger Mächte gegangen wäre, so hätte dieses geistige Zentrum eine Entwicklungsstufe vorweggenommen, die erst für zweitausend Jahre später – in unserer Zeit – von den guten Mächten vorgesehen ist.

Es hätte sich verfrüht – und «verfrüht» bedeutet immer: mit Ausschluß der Beteiligung der menschlichen Freiheit – dasjenige entwickelt, was Rudolf Steiner die «Bewußtseinsseele» nennt. Der Mensch hätte Riesenfortschritte gemacht in der Erkenntnis und in der technischen Handhabung okkulter Kräfte der Natur, die heute noch den Menschen – zum Glück – weitgehend unbekannt sind.

Da haben die *guten* geistigen Mächte eingegriffen – diejenigen, die alles nur im Hinblick auf die Freiheit des Menschen impulsieren wollen – und haben *durch den Islam* diesem gefährlichen Impuls von Gondischapur die Spitze abgestumpft. Der arabische Aristoteles wurde islamisiert, und durch den Islam wurde alles *abstrakt* gemacht. So wurde eine der größten Gefahren in der Menschheitsentwicklung teilweise abgewendet.

Ein Wesenszug des islamischen Monotheismus ist die geistige Abstraktion. Es wird nicht eine unendliche Vielfalt von geistigen Wesen und von Naturgeistern ins Auge gefaßt. Es entsteht nicht – wie in der aristotelisierenden Akademie von Gondishapur veranlagt – eine eingehende, ins Konkrete tauchende *geistige* Betrachtung der Naturwesen und der Naturphänomene. Es wird alles auf ein einziges göttlich-geistiges Wesen zurückgeführt: Gott oder Allah. Es entsteht die Tendenz, jede Wirksamkeit in der Welt ihm direkt zuzuschreiben, ohne weitere Unterscheidung.

Der Lebenswiderspruch: «Wenn Allah es will...»

In Vorträgen, die Rudolf Steiner in Berlin im Mai 1916 gehalten hat, wird von der Entwicklungsaufgabe des *Erkenntniswiderspruchs* gesprochen. Es gab eine Zeit, in der der Mensch noch nicht fähig war, Widersprüche überhaupt zu merken und mit ihnen zu ringen. Der Sinn der Entwicklung auf der Erde besteht unter anderem darin, daß der Mensch lernt, mit dem Widerspruch als mit einem notwendigen, freiheitfördernden Entwicklungsimpuls zu leben.

Es gibt einen *Lebenswiderspruch,* der in sich im Grunde genommen alle Widersprüche umfaßt. Es ist der Widerspruch zwischen der Freiheit des göttlichen – oder menschlichen – Willens einerseits und der notwendigen Berechenbarkeit und Zuverlässigkeit des Naturgeschehens anderseits.

Auch dem Islam ist von gütiger göttlicher Hand der Lebenswiderspruch gegeben worden – als Pädagogik für eine immer weitere Entwicklung dank dem Widerspruch selbst. Auch im täglichen Leben des orthodoxen Muslim äußert sich der Lebenswiderspruch auf Schritt und Tritt. Denn der Muslim denkt einerseits, daß alle Dinge mit unabhänderlicher Notwendigkeit geschehen, anderseits sagt er, daß nur dasjenige geschehen kann, was Allah will.

Worin besteht hier aber der *Widerspruch?* Er besteht darin, daß Naturdeterminismus und freier göttlicher Wille sich gegenseitig ausschließen. Mit *Naturnotwendigkeit* wird etwas gemeint, was keineswegs in der Gegenwart frei entschieden werden kann. Es ist ein Entwicklungsimpuls, der am Anfang ein für allemal dem Naturding – Stern, Pflanze oder Tier – aufgeprägt wurde und Berechenbarkeit ermöglicht.

Der göttliche Wille – der Wille Allahs – kann dagegen nur so verstanden werden, daß er zur Naturnotwendigkeit polar entgegengesetzt steht. Dieser Wille setzt *Geistesgegenwart* voraus: die Kraft, aus der Erkenntnis heraus zu entscheiden, und nicht ein Naturgesetz zu wiederholen. In der Gegenwart frei entscheiden können, heißt: *immer neu* entscheiden können, im Gegensatz zur Berechenbarkeit des blinden Naturtriebes. Allahs freier Wille steht so im Gegensatz zum Determinismus der Natur. In den Naturgesetzen ist alles notwendig; im Willen Allahs ist alles offen und frei. Um «frei» zu sein, kann Allah selbst nicht von seiner eigenen Natur determiniert oder prädestiniert werden. Denn seine Natur *ist* das freie Schaffen selbst. So gesehen, geschieht *nichts* mit Notwendigkeit, sondern alles – auch in der Natur – geschieht aus der Freiheit des göttlichen Willens.

Die nächste Frage wäre: Wenn es *ein* Wesen gibt – Allah –, dessen freier Wille dem Determinismus der Natur entgegengesetzt wirkt, warum *nur eines?* Der Kernsatz des strengen islamischen Monotheismus besagt, daß *Allah allein* ein geistiges Wesen mit freiem schöpferischem Willen ist. Aber warum? Wenn die Barmherzigkeit Allahs betont wird, wäre es dann nicht im Sinne der Liebe Allahs für den Menschen, daß er dem Menschen nicht sein Bestes vorenthält: das freie Schaffen als geistiges Wesen?

Wenn der Mensch über keinen freien Willen verfügen würde, wie könnte man ihm moralische Zurechnungsfähigkeit zuschreiben? Er wäre wie ein Naturwesen, unfähig des Guten und des Bösen, weil nicht frei.

Wenn aber der Mensch *doch* den freien Willen in sich erlebt – und sich als des Guten und des Bösen fähig betrachtet –, ist dieser freie Wille nicht der *göttliche* Same in ihm, den er zur immer weiteren Entfaltung bringen darf oder sogar soll, weil diese Entfaltung den Liebeswillen der Gottheit selbst darstellt?

Der Christ hätte die Möglichkeit – wenn er sein Christentum wirklich verstehen würde –, den Lebenswiderspruch *durch die Lebenspraxis* zu lösen (denn rein theoretisch oder logisch ist er nicht zu lösen). Im Christus-Ereignis kommen drei Ebenen zusammen: die Ebene der Erfahrung des Irdisch-*Leiblichen* durch die Zarathustra-Strömung; die Ebene der *seelisch*-paradiesischen Unschuld durch die Buddha-Strömung, die im lukanischen Jesus ihren Brennpunkt findet; die Ebene der kosmisch-*geistigen* Welt, welche die leiblich-seelische Welt befruchtet durch die Menschwerdung des göttlichen Sonnenwesens.

Die paradiesische Unschuld ist die Welt der Wunder – die Welt, die keine Naturnotwendigkeit kennt, sondern nur «Schöpfungen aus dem Nichts», die entstehen nur, «wenn Gott es will». Die irdisch gewordene Welt kennt keine Wunder, sondern nur Naturnotwendigkeiten. Das göttliche Wesen *verbindet* diese zwei Welten miteinander – die Welt der Freiheit und der Notwendigkeit – und löst praktisch den Entwicklungswiderspruch durch die reale Entwicklung selbst.

In der *19. Sure des Koran* wird auf ausführliche und sehr schöne Weise die jungfräuliche *Geburt Jesu* geschildert – wohlgemerkt: nicht des Christus, sondern des Menschen Jesus. Diese Geburt geschieht – hier stimmen der Koran und das Lukas-Evangelium überein – *jungfräulich.* Wir haben es mit einem reinen «Wunder» zu tun, mit einem Ereignis, das ganz in der göttlichen Freiheit liegt und das nur deshalb geschieht, «weil Gott, oder Allah, es will».

Rudolf Steiner deutet diese bedeutsame Tatsache dahingehend, daß er sagt: die gute göttliche Führung hat jedem Muslim in seinem Koran etwas wie eine Perle geschenkt, die in sich den Keim enthält für eine positive künftige Entwicklung. Die jungfräuliche Geburt Jesu ist die Freiheitshoffnung und -öffnung in der Religion des unerbittlichen Fatalismus und Determinismus. Jeder Muslim, der diese Sure andächtig meditiert, öffnet sich der Welt der Freiheit, wo lauter Wunder, lauter jungfräuliche Geburten, lauter Schöpfungen aus dem Nichts, geschehen, die nicht deterministisch vom Vorangehenden verursacht werden.

So heißt es im Koran wörtlich (Sure 19: «Maria»):

16. Und gedenke auch im Buche der *Maria.* Da sie sich von ihren Angehörigen an einen Ort gen Aufgang zurückzog.
17. Und sich vor ihnen verschleierte, da sandten wir

unsern Geist zu ihr, und er erschien ihr als vollkommener Mann.

18. Sie sprach: «Siehe, ich nehme meine Zuflucht vor dir zum Erbarmer, so du ihn fürchtest.»

19. Er sprach: «Ich bin nur ein Gesandter von deinem Herrn, um dir einen reinen Knaben zu bescheren.»

20. Sie sprach: «Woher soll mir ein Knabe werden, wo mich kein Mann berührt hat und ich keine Dirne bin?»

21. Er sprach: «Also sei's! Gesprochen hat dein Herr: ‹Das ist mir ein Leichtes›; und wir wollen ihn zu einem Zeichen für die Menschen machen und einer Barmherzigkeit von uns. Und es ist eine beschlossene Sache.»

22. Und so empfing sie ihn und zog sich mit ihm an einen entlegenen Ort zurück.

23. Und es überkamen sie die Wehen an dem Stamm einer Palme. Sie sprach: «O daß ich doch zuvor gestorben und vergessen und verschollen wäre!»

24. Und es rief jemand unter ihr: «Bekümmere dich nicht; dein Herr hat unter dir ein Bächlein fließen lassen;

25. Und schüttele nur den Stamm des Palmenbaums zu dir, so werden frische reife Datteln auf dich fallen.

26. So iß und trink und sei kühlen Auges, und so du einen Menschen siehst,

27. So sprich: ‹Siehe, ich habe dem Erbarmer ein Fasten gelobt; nimmer spreche ich deshalb heute zu irgend jemand.›»

28. Und sie brachte ihn zu ihrem Volk, ihn tragend. Sie sprachen: «O Maria, fürwahr, du hast ein sonderbares Ding getan!
29. O Schwester Aarons, dein Vater war kein Bösewicht und deine Mutter keine Dirne.»
30. Und sie deutete auf ihn. Sie sprachen: «Wie sollen wir mit ihm, einem Kind in der Wiege, reden?»
31. Er sprach: «Siehe, ich bin Allahs Diener. Gegeben hat er mir das Buch, und er machte mich zum Propheten.
32. Und er machte mich gesegnet, wo immer ich bin, und befahl mir Gebet und Almosen, solange ich lebe,
33. Und Liebe zu meiner Mutter; und nicht machte er mich hoffärtig und unselig.
34. Und Frieden auf den Tag meiner Geburt und den Tag, da ich sterbe, und den Tag, da ich erweckt werde zum Leben!»
35. Dies ist Jesus, der Sohn der Maria – das Wort der Wahrheit, das sie bezweifeln.
36. Nicht steht es Allah an, einen Sohn zu zeugen. Preis Ihm! Wenn er ein Ding beschließt, so spricht er nur zu ihm: «Sei!» und es ist.
37. Und siehe, Allah ist mein Herr und euer Herr; so dienet ihm; dies ist ein rechter Weg.

Dazu sagt Rudolf Steiner: «Und diejenigen, welche in ihrem übrigen Religionsbekenntnis diesen furchtbaren Widerspruch haben der Prädestination und des ‹Gott will es› wie die Mohammedaner, denen ist zugleich zugeflossen die Offenbarung von dem nathanischen Jesus. Haben sie so viel Entwicklungsfähigkeit, daß sie das einmal verstehen können, dann werden sie sich sagen: Wenn wir wiedererkennen die Natur desjenigen, der uns da geoffenbart ist im Koran, dann werden wir finden, wie sich Prädestination und ‹Gott will es› zusammenschließen.»

So können wir zusammenfassend sagen: Der Islam und das traditionelle Christentum haben sich *gegenseitig* bekämpft, weil beide bis jetzt weitgehend *einseitig* gewesen sind. Die Christen haben gesagt: wir *sind* Christen, wir *haben* den Christus, das heißt wir *haben* die Freiheit. Der Islam hat im Wesentlichen gesagt: der Mensch ist *nicht* frei, es gibt nur den göttlichen Willen, der im Menschen so wie in der Natur wirkt.

Beide Seiten hatten noch nicht genügend die Freiheit wirklich verstanden, die weder automatisch «ist» noch deterministisch «nicht ist», sondern nur in jedem Augenblick schöpferisch *entstehen kann.* «Wer immer strebend sich bemüht, den können wir erlösen...»

Traditionelles Christentum und Judentum: zwei große Einseitigkeiten. Traditionelles Christentum und Islam: auch zwei große Einseitigkeiten. Die Geisteswissenschaft Rudolf Steiners ermöglicht eine neue Zukunft für die Menschheit, wo Erwartung und Erfüllung kein Widerspruch sind – und auch Judentum und Christentum nicht – und wo Notwendigkeit und Freiheit ebensowenig ein Widerspruch sind – und auch Islam und Christentum nicht.

Rudolf Steiner hat öfters die Beziehung zwischen Islam und traditionellem Christentum durch ein Bild dargestellt: das Bild der Mondschale mit der Sonnenhostie darauf. Die Mondreligion des Islam – das Mondenhafte repräsentiert alle Naturkräfte, wo Naturnotwendigkeit herrscht – hat durch die Jahrhunderte wie eine Mondsichel die christliche Welt umklammert: von Spanien über Afrika, Arabien, die Türkei... Das der Anlage nach Sonnenhafte hat sich in Wirklichkeit wesentlich von dieser Mondreligion beeinflussen lassen. In der christlichen Welt ist die islamische Naturwissenschaft viel mehr kulturprägend geworden als das echt Christliche selbst. Selbst die Theologie will in der letzten Zeit ihre Rechtfertigung bei der Naturwissenschaft suchen. Die westliche Welt ist von der Naturwissenschaft geprägt worden, und die christliche Religion ist immer mehr zu einer Nebensache des Lebens geworden.

Die vermeintliche Macht des Islam ist in Wirklichkeit die Ohnmacht des wahren Christentums. Die Betonung des Determinismus und der Prädestination ist nichts Neues: wo der Mensch das Freiheitliche versäumt, bleibt das Naturnotwendige übrig. Denn dieses ist mit Notwendigkeit da, das Freiheitliche muß dagegen nicht sein. Weil es frei ist, kann er auch versäumt werden.

Überall dort, wo das Christentum versagt – wo das Freiheitliche nicht gepflegt wird –, gibt es Determinismus, unabhängig davon, wie es genannt wird. Das traditionelle Christentum hat in dem Sinne versagt, daß gerade das Wesentliche weitgehend gefehlt hat: das Bewußtsein des göttlichen und kosmischen Wesens des Christus, das in die Vaterwelt – in die Welt des Naturnotwendigen – die Kräfte hineinbringt, welche die Auferstehung des Fleisches, die Umkehrung aller Notwendigkeit durch «Freiwendigkeit» bewirken.

So betont Rudolf Steiner, daß ein gläubiger Muslim mehr über Jesus von Nazareth glauben kann als viele heutige «christliche» Theologen. Er kann noch an die jungfräuliche Geburt Jesu als ein Wunder glauben, wo die Naturgesetze nichts zu suchen haben. Die meisten «Christen» haben zu diesem Mysterium keinen Zugang mehr. Damit will Rudolf Steiner sagen, daß der heutige «Christ» dem Islam gegenüber sich auf keinen Fall eine Überheblichkeit erlauben dürfte. Er will nicht sagen, daß wir zu den Zeiten des schlichten Glaubens zurückkehren sollten. Er will vielmehr sagen, daß dieser Glaube dem geistigen Geschehen der jungfräulichen Geburt viel näher steht als ein wissenschaftliches Denken, das solche «Wunder» gar nicht in ihrer Objektivität erfassen kann.

So können wir sagen: Das heutige Zusammenleben von Islam und Christentum kann als positive, entwicklungsfördernde *gegenseitige Herausforderung* erlebt werden. Der Islam ist dazu da, um dem traditionellen Christentum das eigene Versagen wie in einem Spiegel vorzuhalten. Er fordert das Christentum auf, ernst zu machen mit dem Christentum selbst. Er fordert alle auf, nicht nur eine christliche Theorie zu haben, sondern auch die Lebenspraxis damit zu durchdringen.

Die Herausforderung des Christentums dem Islam gegenüber ist anderseits die Herausforderung der individuellen Freiheit. Aber diese Herausforderung wird nicht wirksam durch die Theorie über die individuelle Freiheit, sondern durch die *Wirklichkeit der Freiheit* selbst, die sich nur in wahrhaft freien Menschen zeigen und durch sie ausstrahlen kann.

Wenn im Christlichen nicht die Theorie der Freiheit, sondern weitgehend die Wirklichkeit davon fehlt und wenn im Islam beide fehlen: wer trägt die größere moralische Verantwortung? Doch derjenige, der die Theorie hat, ohne sie zur Lebenspraxis zu machen! Dort, wo ein Bewußtsein davon vorhanden sein könnte und sollte, daß die wahre Würde des Menschen in der individuellen Freiheit besteht, da ist die größere moralische Verantwortung dem Menschlichen gegenüber vorhanden als dort, wo die Bewußtseinsvoraussetzungen für eine Würdigung der Freiheit noch sehr fehlen. So trägt das Christentum eine viel größere moralische Verantwortung dem Islam gegenüber als umgekehrt.

Der tägliche Umgang der Muslims und der Christen miteinander kann in dem Maße immer «menschlicher» werden, in dem jeder Mensch die schon erwähnte Unterscheidung zwischen Religion und Individualität sich zu eigen macht – nicht nur als Theorie, sondern als innere Haltung jedem anderen Menschen gegenüber. Solange Religion nicht das Leben selbst ist, ist selbst

Religion noch Hülle. Kein Mensch ist als Mensch «Muslim», kein Mensch ist als Mensch «Christ». Sowohl das traditionelle Christentum – als eine Religion neben anderen – als auch der Islam werden von jedem Menschen als Stufen der eigenen Entwicklung durchlebt. Der heutige «Christ» war vielleicht in seinem vorigen Leben ein Muslim und der heutige Muslim vielleicht ein Christ.

Wenn in der menschlichen Begegnung nicht nur die jetzige Hülle des anderen erlebt wird, sondern der unvergängliche Wesenskern, der von Hülle zu Hülle – von Religion zu Religion – schreitet, entsteht die Möglichkeit, die ewige Individualität in jedem anderen Menschen zu *lieben*, die nach der Wende dazu berufen ist, in sich selbst die Harmonisierung aller «Religionen» zu vollbringen. In der Begegnung wird in jedem Menschen auf diese Weise *der Mensch* erlebt und gefördert.

Jeder Mensch sucht das Wesen der Liebe – im anderen Menschen

Wir können an dieser Stelle die Frage aufwerfen: Was sucht derjenige, der nicht Christ ist, bei dem anderen Menschen, der sich Christ nennt? Er sucht das Wesen der Liebe in ihm, denn jeder Mensch sucht in seinem tiefsten Wesen das Wesen der Liebe, die Christus-Wesenheit. Dasjenige, was das vergangene Christentum heute mit dem Islam erlebt und noch viel stärker erleben wird, kommt daher, daß der Mensch des Islam sehr lange an die Pforte des Christentums gepocht hat in der *unbewußten,* aber realen Suche nach dem Wesen der Liebe. Der Islam ist bitter enttäuscht worden, weil er das Wesen der Liebe nicht gefunden hat! So können wir auch das Aggressive des Islam dem christlichen Abendland gegenüber aus der bitteren Enttäuschung und Entbehrung erklären. Das wahre Ich dieser Menschen hat das Menschliche gesucht und es nicht gefunden dort, wo die Voraussetzungen da waren, daß es hätte vorhanden sein können.

Auch der islamische Mensch sucht wie jeder Mensch das Wesen der Liebe im anderen Menschen. Und was sucht das traditionelle Christentum, herausgefordert vom Islam? Es sucht dasjenige, was es verloren hat: *auch das kosmisch-göttliche Wesen der Liebe,* auch den Christus.

So haben die Christen und die Muslims die Suche nach dem Wesen der Liebe gemeinsam! Indem dank der Auseinandersetzung zwischen Islam und Christentum ein Bewußtsein davon entsteht, daß dasjenige, was wir alle gemeinsam haben – die Suche nach wahrem Menschentum, die Suche nach dem Christus-Wesen –, viel *tiefer* und *gewaltiger* ist als dasjenige, was wir nicht gemeinsam haben, entsteht eine große Zukunftshoffnung in der Menschheit! Es entsteht die Hoffnung, daß sowohl der Mensch im Christentum wie auch der Mensch im Islam den Impuls immer tiefer würdigen wird, wodurch zum ersten Male nach zweitausend

Jahren die reale Christus-Wesenheit wiedergefunden werden kann in der Menschheit.

Wo wird Christus real wiedergefunden in der heutigen Menschheit? Ich kenne nur einen geistigen Impuls, von dem ich sagen darf: Hier wird Christus wiedergefunden, das ist die Geisteswissenschaft Rudolf Steiners! Im Westen, wo Christentum und Islam in oft tragischer Weise Karma miteinander auszutragen haben, höre ich die Stimme, die ruft: O Muslim, o Christ, sucht das Wesen der Liebe, sucht die Christus-Wesenheit dort, wo sie zu finden ist! Wo eine Wissenschaft des Geistes, wo ein Bewußtsein der Wesenhaftigkeit und der Substantialität des Geistes so real wiedergewonnen wird, daß für den Menschen, der diese Geisteswissenschaft ergreift, die reale Begegnung mit dem Wesen des Christus in seiner übersinnlichen Wiederkunft möglich wird. Dies ist die Hoffnung jedes Christen, dies ist die Hoffnung jedes Muslim.

Gemeinsam haben wir alle die Suche nach dem Christus und die Sehnsucht nach dem Erleben des «Christus in mir» und des «Christus in dir». Gemeinsam haben wir alle eine heute allen Menschen zugängliche Geisteswissenschaft, wodurch sowohl der «Muslim» wie auch der «Christ» die Wiederkunft des Wesens der Liebe erleben können. Die geistige Begegnung mit dem Wesen der Liebe, das *alle* Menschen in unserer Zeit geistig besucht, wird Versöhnung und Liebe unter allen Menschen hervorrufen können.

Das Islam wird noch lange die große Prüfung des traditionellen Christentums darstellen. Möge diese

Prüfung zu einer *Gewissens*prüfung werden, die alles Unchristliche der Machtbestrebungen läutert und verwandelt in das Christliche der Freiheit und der Liebe zu allen Menschen.

VII.

Zukunft der Religion durch Geist-Erkenntnis

Aus dem bisher Ausgeführten geht hervor: Das Religiöse wird in der Zukunft immer mehr aufhören, nur ein Teilaspekt des Lebens zu sein. Religion wird aufhören, etwas anderes zu sein, als das tägliche Leben schlechthin. Das Leben selbst wird immer mehr zur Religion.

Diese Entwicklung wird mit etwas anderem parallelgehen: daß die Religion der Zukunft sowohl mit dem Streben nach Erkenntnis wie auch mit dem künstlerischen Streben des Menschen sich vereinigen wird.

Das Hinzukommen der Dimension des «Wissens» wird keineswegs dasjenige abschaffen, was man bisher «Glaube» genannt hat. Mit diesem Wort hat man das «Vertrauen» bezeichnen wollen, das man dem Mysterium entgegenbringt – all dem, was man noch nicht ganz mit dem Denken erfassen kann. Je tiefer und umfassender die Erkenntnis des Geistigen wird, desto größer und zahlreicher wird einem alles, was man noch nicht versteht. Diesem gegenüber ist und bleibt die innere Haltung der Andacht und Verehrung – des Glaubens – die einzig angemessene.

Glauben, um besser zu erkennen

Schon in den ersten Jahrhunderten des Christentums hieß es bei manchen Kirchenvätern: credo ut intelligam – ich glaube, auf das ich immer besser und immer tiefer verstehe, immer tiefer die Dinge denkerisch erfasse. Sie haben nicht Glaube und Wissen als Gegensätze aufgefaßt, sondern haben so gedacht, daß das Herz, die verehrende Glaubensbeziehung zu den Mysterien des Lebens, dem Verstehen vorangehen muß.

Nur dasjenige, was zuerst im Gemüt empfunden und verehrt wird, kann wahrhaft immer tiefer erkannt werden. Wenn die richtige Liebe und Glaubensbeziehung zu etwas vorhanden ist, liegt es im Dynamismus dieser Beziehung selbst, daß das geliebte Wesen, die geliebte Wirklichkeit immer tiefer und objektiver einem sich erschließt. Es liegt ja im Wesen der Liebe, daß sie nur dann zur wahren Liebe wird, wenn auch das objektive Wesen des Geliebten erkannt wird. Das objektiv Gute des geliebten Wesens wird so erkannt, daß die Liebe dann aus der Einsicht in das Gute des geliebten Wesens heraus handelt. Nur so kann sie Liebe zum wahren, objektiven Wesen des anderen sein. Und nur so ist sie wahre Liebe.

Ein ähnliches gilt für die Polarität zwischen Gnade und Freiheit. In der ersten Hälfte der Entwicklung der religiösen Betätigung des Menschen hat die Gnade eine fast ausschließliche Rolle gespielt. Die Religion nach der Wende muß immer mehr die Dimension der Freiheit hinzugewinnen. So muß man die Freiheit – wie ich schon oft genug erwähnt habe – als Erfüllung des Wirkens der Gnade verstehen. Die Tatsache, daß das Freiheitliche hinzukommt, ist nicht so zu verstehen, daß dem Wirken der Gnade irgend etwas weggenommen wird. Die Gnade wird erst sinnvoll und vollendet dort, wo Freiheit real in Anspruch genommen wird.

Gnade und Liebe bestehen immer darin, daß dem

geliebten Wesen Freiheit ermöglicht wird. So wie die Glaubenskräfte bejaht und vertieft werden durch die Dimension der Erkenntnis und des Wissens, so wird das Erlebnis der Gnade wesentlich vertieft durch die Erfahrung der Freiheit. Derjenige, der in der Schöpferkraft des eigenen Geistes leben darf, der würdigt die Gnade viel tiefer, weil er imstande ist, mehr von dem in Anspruch zu nehmen, wozu die Gnade ihn befähigt. In der Freiheit leben zu dürfen, ist eine unendlich größere Gnade, als derjenige sich vorstellen kann, der ohne Freiheit leben muß.

Analog kann man auch eine andere Polarität ins Auge fassen: die Polarität zwischen Freiheit und Liebe. So wie die göttliche Liebe der menschlichen Freiheit vorangeht, so geht anderseits im Menschen die Freiheit der Liebe voraus in dem Sinne, daß nur ein Wesen, das ganz freiwillig handelt, das in der Freiheit dasjenige tut, was es will, auch wirklich lieben kann. Wo aus dem Zwang oder bloß aus Pflicht gehandelt wird, ist Liebe nicht möglich.

So dürfen wir auch Freiheit und Liebe nicht als sich gegenseitig ausschließende Gegensätze auffassen, sondern als eine Polarität, wo das eine zur Verstärkung des anderen dient.

Ein ähnliches gilt wiederum für die Polarität zwischen Individualität und Gemeinschaft. Das Individuelle kommt allmählich zum Gruppenhaften *hinzu*. Das wesentliche der Entwicklung vor der Wende war das Eingebettetsein, das Mitgetragenwerden von einer Gemeinschaft. Der Grundcharakter der zweiten Hälfte der Entwicklung, wo die Religion des Menschen und des Menschlichen schlechthin entsteht, wo religiös alles dasjenige erlebt wird, was zur Fülle des Menschen beiträgt, kommt zur Erfahrung des Gemeinsamen die Erfahrung des Individuellen *hinzu*, die Erfahrung des ganz Besonderen und Einzigartigen, das jeder Mensch als einmalige Individualität in sich trägt.

Diese Erfahrung der Individualität steht wiederum nicht im Widerspruch, steht nicht im Gegensatz zur Gruppenseelenhaftigkeit. Sie ist vielmehr ihre Erfüllung. Gruppenseelenhaftigkeit wird zur wahren menschlichen Gemeinschaft dadurch, daß sie dem Entstehen von einzigartigen Individualitäten dient. Wahre Gemeinschaft ist im Unterschied zur bloßen Gruppenseelenhaftigkeit nicht mehr nur ein einförmiges Einerlei: sie ist diejenige Fülle und derjenige gemeinsame Reichtum, der sich nur ergeben kann aus der Vielfältigkeit der Individualitäten, wo jeder etwas ganz anderes in das Gemeinschaftliche hineinbringt. Wahre Gemeinschaft entsteht, wo ein jeder moralische Verantwortung für die volle Ausprägung der Individualität eines jeden trägt.

So ist wahre Gemeinschaft eine ganz neue Stufe des Gruppenseelenhaften. Gemeinschaft im echten Sinne dürfen wir nur dasjenige nennen, wo der besondere und einmalige Beitrag eines jeden erlebt wird. Das allein ermöglicht, daß Gemeinschaft als Reichtum und Fülle der Einheit in der Vielfalt erlebt wird.

Nochmals: Was ist christliche «Wandlung»?

Wenden wir uns nochmals dem christlichen Mysterium der Wandlung, der Transsubstantiation zu, dem zentralen Mysterium des Christentums. Die Transsubstantiation bedeutet, daß das Eintreten des Sonnenwesens in die Entwicklung der Menschheit und der Erde eine Wandlung ermöglicht von der alleinigen Führung der Naturnotwendigkeit in die Erfahrung der Freiheit hinein. Durch Übung der Freiheit wird möglich, das Naturnotwendige rückgängig zu machen.

Alles Naturnotwendige im Laufe der Zeit zu befreien vom Gesetz der Naturnotwendigkeit und zu verwandeln in die geistige Leiblichkeit des Wesens der Freiheit: diese Wandlung, diese durchgreifende Transsubstantiation der Natur setzt voraus, daß der Mensch eine innere Wandlung seines eigenen Wesens im Laufe der Zeit mitvollzieht.

Vor der Wandlung, vor der Transsubstantiation, erlebt sich der Mensch als denkerisches, geistiges Wesen so, daß für ihn das Materielle, der Inhalt der Wahrnehmung, «substantieller» ist als das Geistige. So ist ja die Ausgangslage für jeden Menschen heute, so ist auch die Ausgangslage für das normale Denken: die Überzeugung, daß dasjenige, was physisch wahrnehmbar da vor mir liegt, das wirklich reale sei. Jeder Mensch lebt vor der Transsubstantiation, vor der Wende der Entwicklung in dem Maße, in dem ihm das Physisch-Materielle substantieller, das heißt wirksamer und ursächlicher erscheint als das Geistige.

Christliche Wandlung, als das Wesentliche der religiösen Erfahrung, das heißt innere Umkehr wird erlebt, wenn der Mensch selbst als geistiges Wesen dem Menschen zur Religion wird, wo das eigene religiöse Bemühen dahinzielt, geistige Wesenhaftigkeit des Menschen und des Menschlichen schlechthin entstehen zu lassen.

Diese innere Transsubstantiation wird vollzogen zunächst im Denken. Der Mensch übt sich daran, denkerisch das übersinnliche, real-geistige Wesen der Dinge so zu erfassen, daß in der Erfahrung des schöpferischen, intuitiven Denkens demselben Menschen, dem vorher das Materielle substantiell und real erschien, jetzt das Übersinnliche, was er im Denken intuitiv erfaßt, nicht im leerem Postulat, sondern in der realen Selbsterfahrung substantiell und real wird im höchsten Sinne.

In seinem denkerischen Geist selbst erlebt er eine solche Substantialität und Ursächlichkeit des Geistigen, daß er sagen darf: in der Wirklichkeit ist das Geistige das einzige Substantielle, das es gibt! Die Materie ist ganz unsubstantiell und unwesenhaft, ist eigentlich nur eine bildhafte und vorübergehende Erscheinungsform des Geistigen im Hinblick darauf, daß der Mensch sich daran übe, ihren täuschenden Charakter zu durchschauen und selber schöpferisch zum Substantiellen des Kosmos hinzufinden.

In diesem Sinne wird das schöpferische Denken selbst zur höchsten religiösen Übung des Menschen, zur höchsten religiösen Verantwortung. Durch Übung dieses intuitiven Denkens entsteht erst der Mensch als geistiges Wesen, da wird wesenhaft geistige Individualität hervorgebracht. Dieses Entstehen der wesenhaften, geistigen Individualität des Menschen ist überhaupt das Religiöse, ist das Heilige schlechthin: es ist das Verehrungswürdigste, was es geben kann in der Entwicklung des Menschen. Es ist dasjenige, was am berechtigtsten den Menschen andächtig stimmen kann.

Karma als Aufgabe der «Ehrfurcht vor sich selbst»

Ähnliche Überlegungen können gemacht werden zu einem zweiten Aspekt, im Übergang des Religiösen vom traditionellen zum erneuerten Christentum, zum zukünftigen Christentum als Religion der Menschheit: zur Frage der *Wiederverkörperung und des Karma* in bezug auf das Christentum selbst.

Wenn das Christus-Wirken als Umkehrung des Vaterwirkens verstanden und erlebt wird, wodurch Naturnotwendigkeit verwandelt und transsubstantiiert wird in die wesenhafte Erfahrung der menschlichen Freiheit, kann man auch das Wirken des *höheren Ich* in jedem Menschen in seiner Objektivität erfassen. Da wird der andere Aspekt der Religion des Menschen erlebt: die Andacht und die Verehrung vor dem höheren Ich eines jeden Menschen, denn dieses höhere Ich wirkt für das Individuum, wie das universelle Christus-Ich für die ganze Menschheit wirkt. Es entsteht die vierte religiöse Ehrfurcht, von der Goethe spricht: *die Ehrfurcht vor sich selbst.*

Fragen wir also: Wie wirkt das höhere Ich im Karma und in der Wiederverkörperung? Das höhere Ich plant noch vor der Geburt die wesentlichen Begebenheiten und Ereignisse des Lebens, auch die Schicksalsschläge, als Angebote und Herausforderungen für das «niedere Ich», als Chancen, um sich weiterzuentwickeln.

Durch die Verbindung mit der Leiblichkeit verdunkelt sich wesentlich das Bewußtsein des Menschen und wird zu dem, was wir «normales Bewußtsein» nennen. Die Zukunft des Christentums als Religion des Menschlichen schlechthin wird immer mehr darin bestehen, daß jeder Mensch bestrebt ist, das eigene höhere Ich als ein Glied des Christus-Ich zur eigenen Religion, zum Objekt der eigenen täglichen Verehrung und Andacht so zu machen, daß die eigene karmische Situation so gesehen wird, wie das höhere Ich sie sieht: als moralische Intuition der Liebe, als der eigenen moralischen Phantasie entspringend im Hinblick auf die weitere positive Entwicklung für sich und für alle Menschen.

Die moralischen Intuitionen des eigen höheren Ich äußern sich in allen Aspekten der täglichen karmischen Situation. Diese ernst zu nehmen, wird zur religiösen Übung und Praxis. Der Karma-Wille des höheren Ich wird in das eigene freie Bewußtsein so hereingenommen, daß der Mensch immer klarer versteht, warum ihm dieses oder jenes geschieht. Die karmische Lage, die ohne diese religiös-intuitive Verehrung des eigenen höheren Ich nur als Ursache erlebt würde, als unentrinnbares Verhängnis, dem man sich fügen muß, wird bejaht und gewollt in ihren positiven Entwicklungsherausforderungen.

Die karmischen Umstände werden nicht mehr als fremde Notwendigkeit erlebt wie die Naturgesetze. Der Mensch fängt an, die Kraft des höheren Ich in sich real zu erleben und die karmische Situation als das von ihm selbst frei Gewählte zu betrachten. Der Mensch erlebt sich nicht mehr als Wirkung seines Karma, sondern als dessen freie Ursache. Er *war* frei in der Wahl dessen, was ihm jetzt widerfährt; er *ist* frei in dem, was er auf die Zukunft hin daraus macht.

Irreligiös ist der Mensch, der das Ur-Religiöse, das eigene höhere Ich, nicht verehrt und nicht bewußt erlebt. Religiös wird der Mensch in der Maße, in dem das göttliche Wesen in ihm seiner selbst bewußt wird und moralische Verantwortung für die eigene weitere Entwicklung übernimmt. Denn diese Entwicklung ist zugleich die beste Förderung der Entwicklung aller Wesen.

Die «Heilige Schrift» als Selbsterfahrung

Ein drittes möchte ich in diesem Zusammenhang erwähnen: die Beziehung zur *Heiligen Schrift.* Die zukünftige Religion der Menschheit als Erneuerung und Verwandlung des traditionellen Christentums, wird dasjenige, was zunächst noch nicht ganz universell erlebt wurde, immer universeller und menschheitlicher gestalten.

Der Mensch wird zur Heiligen Schrift eine solche Beziehung eingehen, daß sie als die Schrift aller Menschen und jedes Menschen erlebt wird. Sie wird nicht mehr als die Schrift irgendeiner partikulären Religion gelten dürfen. Durch Geisteswissenschaft wird ein solches Verständnis der Schrift möglich, das überzeugend ist für alle Menschen. Was überwunden werden muß, ist eine Interpretation der Schrift, die noch nicht dem überlieferten Text selbst Rechnung tragen konnte, denn die eigentliche Natur des Textes ergibt sich erst durch eine Interpretation, die ganz universell ist.

Da könnte man als Beispiel die zwei großen Meilensteine des Christus-Ereignisses nehmen: das Eintreten des Sonnenwesens in die Gesamtkräfte der Leiblichkeit des Menschen und der Erde – was in der Taufe im Jordan und in der dreifachen Versuchung dargestellt wird – und Gethsemani, die Ölbergszene, wo es darum geht, die Leiblichkeit zu verlassen durch die Erfahrung des Todes, wo das Christus-Wesen wiederum hinausgeht in die geistige Welt, um die Gesamtkräfte der Erde auf neue Weise geistig zu durchdringen.

Diese Bilder wurden zunächst im traditionellen Christentum als Sondergut, als spezifische Bilder der christlichen Religion als einer Religion unter anderen betrachtet. Eine heute zeitgemäße Geisteswissenschaft soll aber jedem Menschen die Möglichkeit geben, nicht von diesem eng Konfessionellen auszugehen, sondern von einer unmittelbaren und jedem Menschen zugänglichen *Selbsterfahrung.*

Und in der Tat: für jeden Menschen, der die eigene

Entwicklung genügend pflegt, taucht irgendwann ein ähnliches Bild in der imaginativen Vision auf wie das der dreifachen Versuchung und von Gethsemani in den Evangelien. Jeder Mensch kann in der realen Imagination diese Bilder übersinnlich wahrnehmen. Da macht jeder Mensch selber die Erfahrung, daß die Evangelisten nicht deswegen diese zwei Szenen dargestellt haben, weil sie etwas spezifisch «Christliches» wären. Sie können von jedem Menschen «gesehen» und erlebt werden, unabhängig davon, in welcher «Religion» er aufgewachsen ist oder lebt.

Die Evangelisten selbst sind durch ihre eigene Einweihungsentwicklung zu den entsprechenden Stufen gekommen und haben dasjenige in der geistigen Schau gesehen, was auch jeder andere Mensch in ähnlicher Weise auf derselben Stufe der Entwicklung wahrnehmen kann. Kein Mensch hat diese zwei Szenen des Christus-Lebens *sinnlich* wahrnehmen können, denn es handelt sich gerade um zwei Szenen, wo der Christus ganz allein war.

Es wird ja in den Evangelien betont, daß er in der Einsamkeit die dreifache Versuchung erlebt: keiner war dabei, um es sinnlich wahrnehmen zu können. Und auf dem Ölberg, im Garten Gethsemani, sind nur drei in der Nähe, die aber immer wieder «einschlafen». Christus entfernt sich wiederholt von ihnen. Auch diese Erfahrung wird in der Einsamkeit gemacht, wo keiner dabei ist, um etwas sinnlich wahrnehmen zu können.

Man könnte, wenn man die Sprache der Evangelien

richtig deutet, schon von selbst darauf kommen, daß es sich hier nicht vordergründig um Szenen handelt, die historisch sinnlich wahrgenommen wurden, sondern um die Wiedergabe von Einweihungserfahrungen, die bekannt waren in den alten Mysterien.

Jeder religiöse Mensch der Zukunft wird diese Erfahrungen als universell und menschheitlich erfassen können: denn sie werden jedem Menschen möglich gemacht. Jeder Mensch, der die entsprechende innere Entwicklung durchmacht, kann diese Szenen selber astral-imaginativ beobachten. Er wird dann *aus eigener Erfahrung* gut verstehen können, was in den Evangelien als Stufen der Menschwerdung jedes Menschen schlechthin dargestellt wird.

In dem Maße, in dem das Christentum durch Geisteswissenschaft immer tiefer verstanden wird, wird immer klarer werden, daß es im Wesen des Christentums liegt, nicht eine Religion unter anderen zu sein, sondern die Religion des Menschen und der Menschheit schlechthin.

Dabei muß man zugleich darauf hinweisen, daß die *Worte* «Christentum», «Christus» oder «christlich» nicht das Wichtige sind, denn es geht hier nicht um Worte. Man könnte ganz andere Wortbezeichnungen gebrauchen, denn hier geht es darum, durch die Worte hindurch zu den realen Wirklichkeiten zu gelangen.

Diese Erörterungen bringen uns zu einem anderen Aspekt der Zukunft der Religion und des religiösen in der Menschheit: zur Unterscheidung zwischen der ersten und der *zweiten Ankunft Christi.* Die zweite Ankunft wird traditionell «Wiederkunft» genannt. Es heißt bei Rudolf Steiner, daß wir im zwanzigsten Jahrhundert den realen Anfang der Wiederkunft Christi erleben. Die geistige Wiederkunft Christi, von der auch in den Heiligen Schriften die Rede ist, wird durch die jetzige Stufe der Bewußtseinsentwicklung der Menschen ab diesem Jahrhundert real erfahrbar für den Menschen.

Daraus entsteht die Erkenntnisaufgabe, zu erfassen, worin der wesentliche Unterschied besteht zwischen der ersten Ankunft Christi – seiner Menschwerdung auf der physischen Ebene, die sich in Palästina vor zweitausend Jahren vollzogen hat – und der zweiten Ankunft, die nicht mehr physisch geschieht. Die Wiederkunft geschieht in der übersinnlichen Welt, Christus kommt «auf den Wolken des Himmels», wie es in der Sprache des Evangeliums heißt. Er kommt in der «ätherischen Welt», in «ätherischer Gestalt»: so heißt dasselbe in der Terminologie der Geisteswissenschaft.

Wir können sagen: Die erste Ankunft steht zur Wiederkunft wie das Wirken des Sohnes steht zum Wirken und zur Erfahrung des Heiligen Geistes. Christus selbst unterscheidet sehr scharf dieses Zweifache. In den Abschiedsreden des Johannes-Evangeliums betont er, daß er gehen müsse, sonst könnte der Heilige Geist nicht kommen. Damit will er sagen, daß es nicht ein und dasselbe ist: die Art und Weise, wie Christus wirkt, und die Art und Weise, wie der Heilige Geist erfahren wird.

Das Wirken des Sohnes ist das Wirken der Liebe: es geschieht auf gleiche Weise für alle. Die erste Ankunft ist die Tat der Liebe Christi, die er für alle vollbracht hat. Die Erfahrung des Heiligen Geistes – der Wiederkunft – besteht dagegen in der individuellen Stellungnahme des Menschen gegenüber dem Wesen der Liebe und seinem Wirken. Der Heilige Geist ist der verinnerlichte und individualisierte Christus. Christus fängt hier an, in jedem Menschen anders zu sprechen. Das Gute fängt an, für jeden etwas anderes zu sein.

Jeder Mensch wird, durch die Erfahrung des Heiligen Geistes und der Wiederkunft, zu einem einzigartigen Glied der Menschheit. So wie der Heilige Geist die individualisierte, verinnerlichte und «ver-ich-lichte» Erfahrung des Christus darstellt, so ist die Erfahrung der Wiederkunft zugleich die Erfahrung des Heiligen Geistes: sie stellt ein Ereignis des menschlichen Bewußtsein, der menschlichen Innerlichkeit dar.

Die Wiederkunft Christi ist ein bewußtseinsmäßiges Sich-Erheben des Menschen zu Christus hin. Ich habe immer wieder auf die Tatsache hingewiesen, daß das griechische Wort, das mit «Wiederkunft» übersetzt wird – παρουσια = parousia – nicht ein Wiederkehren oder ein Zurückkehren bedeutet. Durch die Übersetzung mit «Wiederkunft» wird die irrtümliche Vorstellung erweckt, als ob Christus weggegangen wäre, sich entfernt hätte von der Menschheit und jetzt wieder zurückkäme.

Dagegen bedeutet das Wort *Parousia* ein Dabeisein, eine geistige Gegenwart. Das Neue der «Wiederkunft» besteht nicht darin, daß Christus selber zurückkommt, sondern darin, daß der Mensch in seinem Geist ihm «entgegenkommt» und seine geistige Gegenwart geistig erlebt. Der Mensch fängt jetzt an, den geistig schon immer gegenwärtig anwesenden und ihn begleitenden Christus real zu erleben. Nicht Christus hat sich vom Menschen «entfernt», sondern der Mensch von Christus.

Wenn wir verstehen, daß bei der ersten Ankunft das Tun Christi das Wesentliche war und daß bei der Wiederkunft die Antwort des Menschen in der Freiheit der bewußten Erkenntnis das Wesentliche sein muß, können wir sagen: eine Erfahrung der Wiederkunft ist eigentlich gar nicht möglich, ohne daß eine ganz neue Stufe auch in der Entwicklung des Bewußtseins selbst erlangt wird.

Die Geisteswissenschaft Rudolf Steiners gehört wesentlich zu dieser neuen Stufe in der Entwicklung des menschheitlichen Denkens und Bewußtseins. Sie ist wie ein Gesamterkenntnisorgan der Wiederkunft, die Bewußtseinsvoraussetzung für deren objektive Erfahrung. Wir können den Umgang mit der Geisteswissenschaft Rudolf Steiners als die allmähliche, wesenhafte Erfahrung der Wiederkunft Christi selbst auffassen.

Auf diese Weise ist die Gesamterfahrung der Wiederkunft Christi zugleich die neue, zeitgemäße Stufe der Religion der Menschheit. Jeder Mensch erlebt heute Religion auf zeitgemäße Weise in dem Maße, in dem ihm die geistige Gegenwart Christi, die Begegnung mit dem lebendigen Auferstandenen zur individuellen geistigen Erfahrung wird.

Christus hört so für ihn auf, bloße Theorie zu sein. Religion hört für ihn auf, abstrakt zu sein, nicht genügend ins Leben einzugreifen. Das Wandeln in der geistigen Gegenwart des Auferstandenen wird zur innigsten religiösen Erfahrung und prägt jede menschliche Begegnung und jede soziale Handlung. Das tägliche Leben selbst wird zur Religion gemacht: nichts mehr ist profan. Alles wird geheiligt und ist heilig. Das tägliche und soziale Leben wird zum ewigen Sakrament.

Die Religion des Herrn des Karma

Zu diesem Bewußtseinsereignis der Wiederkunft Christi als Anfang einer universellen Menschheitsreligion gehört die geistige Tatsache, daß das Christus-Wesen durch die Erfahrung seiner geistigen Gegenwart dem Menschen ermöglicht, daß er in unserer Zeit zum *«Herrn des Karma»* wird, wie Rudolf Steiner zu sagen pflegt.

Erst seit diesem zwanzigsten Jahrhundert sind die Entwicklungsbedingungen für das menschliche Bewußtsein solche geworden, daß Christus sein Amt als «Herr des Karma» antreten kann. Die Religion der

Menschheit wird in der Zukunft darin bestehen, daß jeder Mensch immer intensiver die Erfahrung des Christus als des Herrn des Karma macht.

«Christus wird zum Herrn des Karma» bedeutet: Die Menschheit ist dazu berufen, immer wesenhafter zum geistigen Leib Christi zu werden. Jeder Mensch entwickelt sich weiter dadurch, daß er sich immer wesenhafter und realer als ein Organ im Gesamtorganismus der Menschheit erlebt, daß die Menschheit als einzigen und eigenen Organismus von ihm immer inniger erlebt wird.

Diese Wiedereingliederung aller Menschen ineinander als Überwindung der Zersplitterung durch den Egoismus ist die reale «Erlösung» des Menschen – die reale Erfahrung des geistigen Menschheitsorganismus als des höchsten Religiösen und Heiligen schlechthin.

Da wird die *Menschheit* selbst zur Religion des Menschen in dem Sinne, daß jeder Mensch alle anderen Menschen so religiös-verehrungswürdig erlebt, daß er sich in sie eingliedern möchte – wie ein Organ in den eigenen Organismus. Religion wird dann erlebt durch die reale Unmöglichkeit und Unfähigkeit, Glück zu erleben ohne das Glück aller anderen.

Der Mensch wird ganz aufhören, irgendeinen Vorteil für sich zum Nachteil anderer anzustreben. Er wird es als Illusion ansehen, daß irgendein Mensch sich einen Vorteil verschaffen will durch Benachteiligung anderer Menschen oder umgekehrt: daß der echte Vorteil anderer sein Nachteil sein könnte.

In dem Maße, in dem die eine Menschheit geistig erfahrbar wird für den einzelnen Menschen als einheitlicher Organismus, erlebt der Mensch den Christus als geistiges einheitliches Ich dieses Organismus. Darin besteht die reale Erfahrung des Christus im Ätherischen als des geistigen Herrn des Karma der Menschheit.

Die Begegnung mit dem «wiederkehrenden» Christus ist, so gesehen, der Anfang der Wiedervereinigung aller Menschen miteinander. Sie geschieht zunächst im Bewußtsein, in der Erkenntnis, die dann allmählich auch das tägliche Leben durchdringt und verwandelt. Jeder will dann jedem helfen, jeden anderen Menschen als zu sich selbst gehörig zu erleben und zu behandeln.

Dieser Prozeß des Auferbauens des geistigen Leibes Christi als Zukunft aller Religion der Menschen bedeutet zugleich, daß eine immer wesenhaftere Vergeistigung aller Materie vollzogen wird.

Wozu eine «Geisteswissenschaft»?

Am Anfang des zwanzigsten Jahrhunderts ist zum ersten Mal eine moderne *Wissenschaft des Geistigen* in der Menschheit entstanden. Diese Tatsache ist zugleich der Anfang einer neuen Phase in der Religion der Menschheit. Die «Rückanknüpfung» an das Göttliche geschieht nunmehr nicht nur mit den Kräften des Glaubens, sondern zunehmend auch mit den Kräften der Erkenntnis.

Der «Glaube» ist immer gruppenhaft: gebunden an

Volk oder Kultur oder Kirche – an irgendeine Autorität, der man «glaubt». Die Erkennntnis als solche kann nur individuell erlangt werden. Die neue Stufe der Religion durch Erkenntnis des Übersinnlichen wird jedem Individuum als solchem zugänglich gemacht und ist deshalb zugleich universell.

Wo eine wissenschaftliche – das heißt individuell-freiheitlich gehandhabte – Erkenntnis des Übersinnlichen in Anspruch genommen wird, wird die Beziehung zum Göttlich-Geistigen – die Religion – zugleich zur Entwicklungsperspektive des *Menschen* selbst als eines erkennenden und somit *geistigen Wesens*, das aus dieser individuellen Autonomie des Geistes heraus auch zunehmend schöpferisch und moralisch zurechnungsfähig handeln kann.

Dies bedeutet zugleich: Die Zukunft der Religion ist die weitere Entwicklung des Menschen selbst und die Religion der Zukunft kann nur der Mensch sein – in der Pflege aller Entwicklungsmöglichkeiten die göttlich in ihm veranlagt worden sind.

Der Mensch will in der Zukunft immer religiöser dem Menschlichen gegenüber gestimmt sein. Er trägt in sich die religiöse Sehnsucht, eine immer tiefere Verehrung und Andacht vor dem Mysterium *des Menschen* zu erleben. Er will eine immer innigere und individuellere moralische Verantwortung diesem Urmysterium gegenüber tragen.

Wie wird aber der Mensch selbst – jeder Mensch – zur wesenhaften Harmonisierung aller Religionen gemacht? Er wird dies dadurch, daß er die einzelnen

Religionen, die er selbst nacheinander vor der Zeitenwende gottgeführt erlebt hat, jetzt nach innen wendet, sie alle verinnerlicht und sich zu eigen macht. Das nacheinander Erlebte und als Gnade von außen Empfangene wird durch eigene geistige Erkenntnis ineinandergefügt und innerlich schöpferisch zum einheitlichen geistigen Wesen des Menschen selbst gemacht.

Vor der Wende ist *jeder* Mensch, zunächst nacheinander und jeweils einseitig Buddhist, Hindu, Zarathustrist, Jude – oder nach der Wende genauso einseitig «Christ» oder «Muslim», solange die innere, individuelle Wende noch nicht vollzogen war – gewesen. Wende geschieht immer dadurch, daß der einzelne Mensch durch Geist-Erkenntnis alle Religionen als Aspekte des Menschlichen erfaßt und bestrebt ist, sie in seinem Wesen zu einem Ganzen zu gestalten durch Überwindung jeder Einseitigkeit. Die «Religionen» sind die in der Vergangenheit begangenen Einseitigkeiten des Menschen als inneres Vermögen, sie im eigenen Wesen zur Einheit zu bringen. «Religion» ist die zukünftige Aufgabe der Allseitigkeit, die im Wesen des Menschen selbst dank der nacheinander durchlebten Religionen als Entwicklungsveranlagung liegt.

So wird die Einheit aller Religionen in der Geisteswissenschaft Rudolf Steiners ganz anders verstanden als etwa in der «vergleichenden Religionsbetrachtung», die heute sehr verbreitet ist. Diese komparative Religionsbetrachtung läuft, wie schon erwähnt, darauf hinaus, daß gesagt wird: wenn wir auf die Grundwahrheiten, auf die Grundaussagen aller Religionen hinschauen, besagen alle diese Religionen eigentlich dasselbe. Hierin wird die Einheit der Religionen gesehen.

Religion als Arbeit an sich selbst

Die Betrachtungsperspektive der Geisteswissenschaft Rudolf Steiners ist in dem Sinne eine ganz andere, daß sie sich weniger darum kümmert, was eine Religion sagt, welche dogmatischen oder theoretischen Aussagen sie enthält, welche Wahrheiten in ihr ausgesprochen werden. Das Wesen einer Religion wird nicht in dem gesehen, was sie «sagt», sondern in dem, was sie im Menschen real bewirkt. Das Wesen einer Religion liegt in dem, was der Mensch *real wird* durch die Übung dieser Religion.

In dieser Perspektive ist es ganz nebensächlich, daß alle Religionen «dasselbe sagen», denn sie sind nacheinander entstanden, gerade um ganz Unterschiedliches zu *bewirken,* um jeweils ganz anders auf den Menschen *einzuwirken* und ihn zu prägen. Die Aufgabe jeder Religion war, jeweils ganz neue und andere Kräfte im Menschen zu erwecken.

Wenn man die Religionen reduziert auf dasjenige, was sie gemeinsam in der Lehre haben, macht man die Religion erst recht zu einer abstrakten Theorie, die mit dem täglichen und praktischen Leben nichts mehr zu tun hat. In der Geisteswissenschaft Rudolf Steiners wird die Einheit der Religionen dagegen als *praktische*

Lebensaufgabe gesehen, als tägliche Selbstwandlungsaufgabe eines jeden Menschen. Die Synthese der Religionen ist keine Suche nach einer abstrakten Theorie, sondern die reale Arbeit jedes Menschen an sich selbst.

Wenn jede Teilreligion ein Stück realer Menschwerdung gewesen ist, so ist die reale Einheit der Religionen die Fülle der Menschwerdung selbst. Dies bedeutet zugleich, daß jede Religion unvollendet und unerfüllt bleibt, solange der Mensch sie nicht real «integriert» in die allseitige Fülle seiner menschlichen Selbsterfahrung selbst.

Nur im Wesen des Menschen und durch den Menschen können alle Religionen «eins» werden und unter sich «einig» sein. Die Erfüllung jeder Religion ist die reale Integration aller Religionen in der Selbsterfahrung des Menschen. Alle Religionen werden «echt» durch reale Eingliederung ineinander, so wie jeder Mensch «echt» wird durch Eingliederung in den Gesamtorganismus der Menschheit. Beide «Eingliederungen» sind keine Sache der Theorie, sondern der realen inneren Wandlung.

Zeitgemäße Religion übt heute der Mensch, der bestrebt ist, so allseitig wie möglich seine Menschlichkeit zu erleben und auszugestalten. Die Fülle des Menschen wird ihm zur religiösen Berufung der täglichen Lebenspraxis. Das Zeitgemäße der Religion ist die tägliche Arbeit am Menschen als «Religion der Freiheit». Der Mensch ist das religiöse Ideal dessen, was jeder Mensch in Wirklichkeit werden darf durch unaufhörliche innere Wandlung und Entwicklung.

Das Christus-Wesen ist so zu verstehen, daß in ihm nicht nur in der Theorie, sondern real sich gezeigt und vollzogen hat die Vollendung alles dessen, was jeder Mensch durch reale Verwandlung seines Wesens berufen ist, zu werden. Die «Sonderstellung» des Christus-Wesens und des Christus-Ereignisses besteht darin, daß es das einzige ist, das keine Sonderstellung verträgt. In jeder Hinsicht ist es Fülle und Vollendung.

Die göttliche und die menschliche Trinität

Die Zukunft der Religion der Menschheit kann man dem Ausgeführten zufolge auch anhand eines ganz neuen Erlebens der Trinität ins Auge fassen. Die göttliche Trinität wird immer mehr zum realen religiösen Erlebnis dadurch, daß sie in *der menschlichen Trinität* real erlebt wird.

Die Gliederung des Menschen in Leib, Seele *und Geist* ist für die Geisteswissenschaft Rudolf Steiners maßgebend. Schon seine «Theosophie» ist ganz auf diese Dreigliederung gebaut. Eine vertiefte religiöse Erfahrung der Trinität wird dadurch möglich gemacht, daß der Mensch das göttlich Väterliche als in allem Leiblichen wirkend betrachtet, den göttlichen Sohn im Seelischen und den Heiligen Geist in Beziehung bringt mit der Art und Weise, wie der Mensch sich selbst erlebt als geistiges Wesen.

Die göttliche Trinität wird auf diese Weise zum dreifachen *Selbsterlebnis des Menschen.* Wiederum eine

Religion die ganz universell wird dadurch, daß sie ganz «menschlich» wird...

Die Religion der Zukunft wird also zunehmend darin bestehen, daß der Mensch das Göttlich-Geistige immer realer erlebt durch das Erleben des Leiblichen, des Seelischen und des Geistigen im eigenen Wesen.

Die Unfähigkeit, den Vater zu erleben in der leiblichen Welt, der *Atheismus,* entsteht nach Rudolf Steiner dadurch, daß der Mensch die Gesamterkrankung des Sündenfalles in seiner *Leiblichkeit* trägt. Er erlebt so stark in seiner Seele die Wirkungsweise der Materie, daß er nicht mehr den Geist – den göttlich-väterlichen Geist – in der Materie erkennen kann. Er wird zum Gottesleugner, zum Atheisten. Diese Tragik nennt Rudolf Steiner «Seelenkrankheit».

«Seelenunglück» nennt er die innere Selbsterfahrung, wodurch der Mensch Christus in seiner Seele nicht begegnet. Diese ist eine immanente Erfahrung der Seele des Menschen als solcher, nicht in ihrer Beziehung zur Leiblichkeit. Durch sie kommt der Mensch nicht dazu, die Sünde in sich zu überwinden. Er macht nicht die Erfahrung der Erlösung.

So wie der göttliche Vater erlebt wird in der Beziehung zum Leiblich-Räumlichen, so wird der Sohn in der Gesamtbeziehung des Menschen zur Entwicklung in der Zeit erlebt. Fortschreitende Entwicklung in der Zeit besteht darin, daß die Sünde umgekehrt wird durch die Erlösung. Die real vollzogene Wende in der Mitte der Entwicklung ermöglicht jeden Menschen die innere tägliche Wandlung. Erst durch die innere Erfahrung der Wandlung kann die Seele des Menschen die Gegenwart des Weltensohnes, des Wesens der Liebe überhaupt erleben und ihm begegnen.

Die dritte Form des Anti-Religiösen entsteht, wenn die Seele ihre Beziehung zum rein Geistigen nicht erlebt. Sie bleibt nur Seele, verhaftet im Gruppenseelenhaften, im passiven Mitgetragenwerden. Die Seele will sich dann nicht aufraffen zum Tätigsein durch Erfahrung der Freiheit und des Schöpfertums des Menschen*geistes* im intuitiven Denken. Dieses Versäumen der Verwandlung der Seele in ein Geistiges durch Inanspruchnahme der Freiheit nennt Rudolf Steiner «Seelentäuschung».

Die Seele täuscht sich, indem sie sich einreden möchte, daß ein Tätigwerden gar nicht möglich ist, daß die «Freiheit» eine Illusion ist. Alle seelische Betätigung die dahin geht, zu beweisen, daß die Freiheit eine Illusion ist, gehört zu dieser Seelentäuschung, wodurch die Menschenseele die reale Erfahrung des Heiligen, göttlichen Geistes versäumt. Es wird das Dogma des durchgängigen Determinismus auch für den Menschen aufgestellt, und die Freiheit des Geistes wird als Illusion hingestellt.

Der Mensch erlebt sich dann nur als Wirkung und nirgendwo als Ursache. Das Erleben des Heiligen Geistes ist dagegen ein Sich-Aufraffen der Seele zum Schöpfertum des Menschengeistes.

Die dreifache Religion der Zukunft kann demzufolge so zusammengefaßt werden: die Begegnung mit dem Vater ist die Überwindung des *Atheismus* als Seelenkrankheit; die Begegnung mit dem Sohn ist die Überwindung des *Egoismus* als Seelenunglück, und die Begegnung mit dem Heiligen Geist ist die Überwindung des *Materialismus* als Seelentäuschung.

Diese dreifache Selbst-Überwindung ist die Zukunft der Religion des Menschen, ja die Zukunft des Menschen schlechthin, weil der Mensch in der Begegnung mit dem Weltenvater, mit dem Weltensohn und mit dem Weltengeist zur wahren Würde des Menschen hinfindet.

Wahre Menschlichkeit in sich immer wesenhafter erleben und hervorbringen: so wird der Mensch zur Summe des Religiösen im eigenen Wesen. So erlebt er auch das Wesen jedes anderen Menschen als das Religiöse schlechthin. Das Gemeinschaftliche besteht dann in der gegenseitigen Hilfe, um das Dreifache des Atheismus, des Egoismus und des Materialismus zu überwinden. Jeder Mensch kann real im anderen Menschen und in sich selbst den göttlichen Vater, den göttlichen Sohn und den göttlichen Geist immer wesenhafter erfahren.

Von der mystischen zur chymischen Hochzeit

So gesehen besteht die Zukunft der Religion der Menschheit darin, das die esoterische Dimension des Religiösen neu entdeckt und auch neu in Anspruch genommen wird. Wahrer zukünftiger Esoterismus entsteht, wo Religion nicht nur in der abstrakten Innerlichkeit des Menschen, in den abstrakten Gedanken, Gefühlen und Willensimpulsen erlebt wird, sondern wo eine reale Kommunion mit *geistigen Wesen* erlebt wird.

Im Mittelalter gab es einerseits eine *mystische Hochzeit*, die viele Heilige angestrebt haben, und eine «chymische» Hochzeit, die mehr angestrebt wurde in der esoterischen Tradition des Christentums.

Die *chymische Hochzeit* wurde weniger beachtet vom traditionellen Christentum, weil dieses Christentum zunächst noch nicht die Kraft entfalten konnte, das Geistige so real zu erleben, daß nicht nur in der eigenen Innerlichkeit eine «mystische» Hochzeit, eine innerlich-seelische Verbindung mit dem Göttlichen erlebt wird, sondern durch eine «chymische» Hochzeit die Verwandlung der Materie selbst vollzogen wird.

Universelle Religion der Menschheit entsteht erst, wo jedem Menschen die religiöse Aufgabe erwächst, die Leiblichkeit des Kosmos, alle Naturgeister zu befreien durch eine ewige *chymische* Hochzeit. Die Auferstehung des Fleisches wird gefeiert durch die Vergeistigung des irdischen Leibes. Es entsteht eine neue Erde und eine neue Menschheit: dieses *opus magnum* ist das große Werk der Religion aller Menschen und aller Zukunft. Der religiöse Mensch wird zum Priester und zum weißen Magier, der die reale Wandlung der Schöpfung vollbringt.

Der Mensch wird neue Religiösität und erneuerte Religion dadurch erleben, daß die *geistigen Hierarchien* – Engel, Erzengel, Zeitgeister, Geister der Form, der Weisheit und der Bewegung, Throne, Cherubin und Seraphin – ihm wiederum *real* werden. Er wird sie wahrnehmen und erkennen, er wird mit ihnen wandeln, er wird mit ihnen geistig Zwiegespräch halten. Er wird ihre Inspirationen empfangen und ihre Liebe erleben.

Die Naturwesen, die Elementargeister werden ihm nochmals erfahrbar werden, wie auf noch nicht freie Weise für die Germanen die Naturgeistigkeit in der lichtvollen Baldur-Gestalt erlebt wurde. Baldur starb in der Götterdämmerung: Jetzt geht es darum, Baldur im eigenen Wesen wieder zu erwecken. Durch geistige Erkenntnis öffnet sich der Mensch einen freiheitlichen Zugang zu den Naturgeistern, die vom Menschen eine Erlösung vom Vergänglichen der sinnlichen wahrnehmbaren Form erwarten. Von einem Erdeneremit wird der Mensch wiederum zum Bürger des Kosmos.

Zur realen Erfahrung des Übersinnlichen als Zukunft der Religion der Menschheit gehört noch der Umgang mit den *Verstorbenen.* Die sogenannten «Lebenden» werden anfangen, die sogenannten «Toten» so ernst zu nehmen, daß eine reale Verbindung, ein realer Verkehr mit den Verstorbenen stattfinden wird. Das Zwiegespräch mit den Hingegangenen wird für die Zurückgebliebenen zur innigsten Religion, wo sie die tiefste Andacht und Verehrung erleben.

Der religiöse Mensch wird die Ratschläge der Verstorbenen mit religiöser Dankbarkeit suchen und entgegennehmen. Er wird ihrem Rat gerne folgen mit dem Bewußtsein, daß die im Geiste Lebenden die Dinge der Welt klarer sehen, weil sie den Egoismus der Sonderung, die durch die Verbindung mit der Leiblichkeit sich notwendig ergibt, abgestreift haben und imstande sind, die göttliche Weisheit in reiner Form seinem Denken und seinen Herzen zu vermitteln.

Die Zukunft der Religion wird so nur darin bestehen können, daß das *tägliche Leben* selbst zur wahren und tiefsten Religion wird. Die Unterscheidung, ja sogar die Trennung zwischen *sakral* und *profan*, zwischen *heilig* und *nicht heilig* wird wieder aufgehoben. So wie die Trennung zwischen Naturordnung und moralischer Ordnung aufgehoben wird, so wird auch die Trennung zwischen der sakralen und profanen Sphäre des Lebens aufgehoben. Alles wird heilig, weil alles vom Menschen geheiligt wird. Alles wird in das heilige Werk der Menschwerdung des Menschen hineingenommen.

Vom verborgenen zum sozialen Tempel der Menschheit

Die zukünftige Gestaltung des Sozialen, die Aufgabe dessen, was Rudolf Steiner die *«Dreigliederung des sozialen Organismus»* nennt, ist die umfassende *religiöse* Aufgabe des Menschen in der heutigen Zeit. Die Gestaltung des sozialen Miteinanders ist die universelle Religion der Zukunft.

Religion wird immer weniger erlebt werden können in gesonderten Tempeln, in Kirchen oder Domen. Religion wird in der Zukunft erlebt unter freiem Himmel, im Tempel der Menschheit. Der Umgang der Menschen miteinander wird heilig gehalten werden. Die Begegnung mit dem anderen Menschen wird den Menschen heilen und heiligen: sie wird ihm zum täglichen Sakrament der inneren Wandlung und Kommunion. Die Dreigliederung des sozialen Organismus ist die Dreigliederung der Religion des Menschen: die Dreigliederung der Art und Weise, wie jedem Menschen geholfen wird, immer menschlicher zu werden. Ich kann hier nur andeutungsweise diese religiöse Dimension der Dreigliederung streifen.

Es geht einerseits darum, im *freien Geistesleben* die einmalige Individualität eines jeden Menschen zu würdigen. Die Würdigung der Individualität ist die erste religiöse Erfahrung des heutigen Menschen. Das heutige menschliche Individuum kann nur geheiligt und religiös gestimmt werden in der Pflege der Erkenntnis des Geistigen. Erst dadurch, daß der Mensch zu einem Geist-Erkenner wird, erlebt er seine schöpferische, individuelle Freiheit, erlebt er sich als ein geistiges Wesen in der Gemeinschaft mit anderen geistigen Wesen. So ist die Pflege der *Geisteswissenschaft* unerläßlich für das reale Erleben der Würde der menschlichen Individualität als eines höchst Religiösen.

Diese Freiheit des Geisteslebens wird ganz besonders erlebt in der *Urteilsfähigkeit* eines jeden Menschen über alle Phänomene und alle Bereiche des Lebens. Individuelle Urteilsfähigkeit zu pflegen und jedem anderen Menschen zu helfen, in jedem Bereich des Lebens urteilsfähig zu werden: das wird der wahre gegenseitige religiöse Dienst der Menschen sein.

Nichts wird religiöser erlebt werden, als daß jedem Menschen geholfen wird, sich als freie, urteilsfähige und schöpferische Individualität zu erleben. Dies geschieht dadurch, daß er wahre Geist-Erkenntnis in Anspruch nimmt. Obwohl der Mensch nicht in allen Bereichen des Lebens ein «Fachmann» sein kann, ist er doch dazu berufen, in allen Dingen urteilsfähig zu sein.

Polar entgegengesetzt zur Freiheit des Geisteslebens, wo jeder zu einem geistig Erkennenden wird, ist das Mysterium der Liebe. In der Gemeinschaft der gegenseitigen Hilfe und des Füreinanders in der Übung der *Brüderlichkeit,* im Wirtschaftsleben, geht es darum, die materiellen Grundlagen, die Mittel und die Bedingungen, die für das Leben notwendig sind, sich gegenseitig zur Verfügung zu stellen.

Die Religion des Sozialen wird hier so erlebt, daß jeder Mensch vor jedem anderen Menschen so verehrungsvoll und andächtig gestimmt wird, daß ein echtes soziales *Menschenverständnis* zwischen Mensch und Mensch möglich wird. Die menschliche Begegnung wird von den Kräften des Interesses getragen. Das Interesse-Fassen am anderen Menschen wird zum Gottesdienst: jeder will dem göttlichen Wesen im anderen Menschen «dienen».

Jeder erlebt ein brennendes Interesse an der Art und Weise, wie er dem anderen Menschen behilflich sein kann. Durch dieses Interesse will er den anderen in seiner Individualität erkennen, um ihm liebevoll alle Mittel zur Verfügung zu stellen, die ihn befähigen, die eigene Entwicklung in Anspruch zu nehmen. So entsteht Gemeinschaft der gegenseitigen Hilfe und der Brüderlichkeit.

Und zum dritten: Die Suche nach dem *Gleichgewicht* zwischen dem Religiösen der freien Individualität und dem Religiösen der Brüderlichkeit in der Gemeinschaft wird zum religiösen Erlebnis der *Gleichheit* aller Menschen, wo alle Menschen in ihrer Würde als Menschen «gleich» sind. Die Würde des Menschen als solche wird so schlechthin zur Religion eines jeden Menschen gemacht. Jeder Mensch erlebt Religion dadurch, daß er sich vorsetzt, nichts anderes höher zu schätzen als die Menschwerdung jedes Menschen. Die göttliche Berufung des Menschen wird so zur Religion des Alltags, zur Religion des sozialen Lebens. Die Würde des Menschen ist unantastbar: das Allerheiligste im Menschen, wovor sich alle Engel in Andacht beugen. Warum nicht auch die Menschen?...

Von der Toleranz der Religion zur Religion der Toleranz

Die Würde des Menschen wird besonders erlebt durch Gedanken- und Religionsfreiheit. Zur Urteilsfähigkeit und zur Kraft des Interesses muß hier ein drittes hinzukommen: die *Toleranz*. Wahre Toleranz soll entstehen in der Art und Weise, wie jeder Mensch sich dem anderen Menschen gegenüberstellt.

Jeder gewährt dem anderen volle Freiheit in der Gestaltung des eigenen religiösen Lebens. Die gleiche Würde aller Menschen besteht darin, daß jeder seine Beziehung zur geistigen Welt in voller Freiheit gestaltet. Jeder hat Freude daran, daß eine unendliche Vielfalt herrscht in der individuellen Gestaltung der Religion, der religiösen Praxis und des religiösen Lebens. Diese innere Toleranz wird ein wahres Gleichgewicht im *Rechtsleben* der Menschheit entstehen lassen, wo die Würde eines jeden Menschen als das Höchste verehrt und andächtig als das tiefste Mysterium im Herzen eines jeden Menschen getragen wird.

Wahre Toleranz wird die Grundlage für eine neue Stufe der Religion sein, denn durch Toleranz werden Kräfte freigelegt, dank denen jeder Mensch die eigene Individualität immer reiner und vollkommener ausprägen kann. Dieses Religiöseste, was die wahre Individualität eines jeden darstellt, kommt wiederum allen anderen am reinsten zugute. Alle Kräfte, die sich in jeder Individualität einzigartig ausprägen, fließen zurück in die Gesamtheit des Organismus der Menschheit. Sie kommen allen zugute in der Erfahrung des Füreinanders und der Verbrüderung aller Menschen.

So kann man sagen: Die Religion der Zukunft wird eine Religion der absoluten *Toleranz* sein, des größten, tiefsten *Interesses* des einen Menschen an den anderen Menschen und der *Urteilsfähigkeit* einer jeden Individualität in allen Bereichen des Lebens.

Die Zukunft der Religion wird im Tempel des Sozialen stattfinden, wo jede menschliche Begegnung als ein reales Sakrament erlebt wird, wo der Kultus das tägliche Leben selbst sein wird und das tägliche Leben selbst zum realen Kultus werden wird.

Durch die *Dreigliederung* des sozialen Organismus entsteht einerseits wahre Würdigung der Individualität in der Freiheit des Geisteslebens, und anderseits wahre Liebe und gegenseitige Hilfe in der Gemeinschaft durch Brüderlichkeit im Wirtschaftsleben. Die Gleichheit aller Menschen im Gleichgewicht zwischen Individualität und Gemeinschaft wird erlebt durch wahre Toleranz.

Die Religion der Zukunft verwandelt den Menschen in der Tat von einem Eremiten der Erde zu einem Bürger des Kosmos: durch Erkenntnis des Geistigen lebt er in immer tieferer Kommunion mit allen geistigen Wesen.

Die Religion der Zukunft verwandelt das menschliche Gegeneinander in ein Füreinander: durch die Liebe zum göttlichen Wesen in jedem Menschen, das durch einen täglichen Gottesdienst zu immer neuen Leben erweckt werden will.

So vereinigt sich Religion mit Wissenschaft und wird zur Geisteswissenschaft, zur Lebensweisheit im umfassenden Sinne. Sie vereinigt sich mit Kunst und wird zur Lebenskunst im umfassenden Sinne: in der Verwandlung des sozialen Organismus. So wird Religion zur Wissenschaft und Kunst des Menschen und des Menschlichen: die ewige Kunst, alle Kreatur zu vermenschlichen und alles Menschliche zu vergöttlichen.